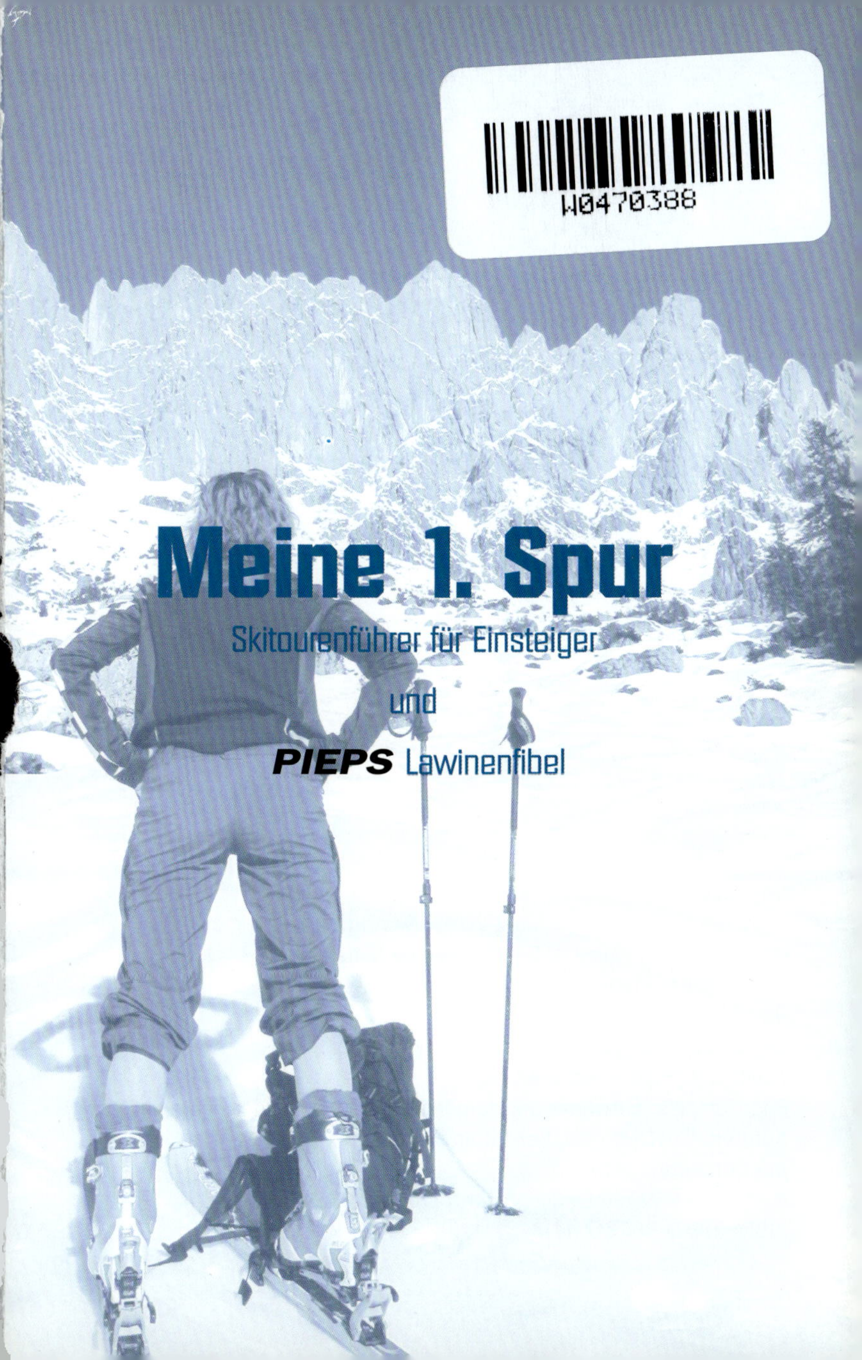

# Meine 1. Spur

Skitourenführer für Einsteiger

und

**PIEPS** Lawinenfibel

**Impressum:**
Herausgeberin Meine 1. Spur: Christine Scherer
Herausgeber Pieps Lawinenfibel: Gerald Radinger
Satz und Gestaltung: Philipp Neumann
Druck: Samson-Druck, 5581 St. Margarethen
Titelbild: Christine Scherer
Bildnachweis: Entweder mit Namensangabe oder Bilder der jeweiligen Autoren, Illustrationen: Sebastian Pölzelbauer, Sabine Hensel, Jan Christoph Imberi
Karten: Arbeitsgemeinschaft Kartographie, 3151 St. Georgen
ISBN: 978-3-902317-14-8

Aufnahme : Martin Promberger.

# Vorwort

## Geh eine Skitour!

Skitouren gehen, Abspannen, Ausschalten, zu sich finden - sich überwinden, Ruhe im verschneiten Wald, einsame Almböden, Schnee bedeckte Hügel und Zäune, Tierspuren im Weiß, Bewegung in der Stille... und noch vieles mehr gilt es zu entdecken!

Und kennt man es erst, lässt es einen nicht mehr los. Immer neue Almen und Hügel gilt es zu erkunden, immer höher will man rauf, der Schnee riecht am Gipfel am besten. Schlechtes Wetter gibt's im Winter nicht, bei Schneetreiben warten lange Forstwege, bei grimmiger Kälte finden sich weite Almböden, und wenn's gar schön ist: Pulverschnee und Gipflwind!

Und wenn Sie erst mit dem Skitourengehn angefangen haben, wenn Sie die ersten Mühen und Abenteuer erlebt haben (mitsamt einigen Purzlbäumen), dann geht es Ihnen vielleicht so wie vielen: Sie werden die ersten Winterspuren über die Hänge – noch zwischen Neuschnee und Maulwurfshügeln – ziehen. Sie werden den Winter lieb gewinnen, den ersten Schnee kaum erwarten, die Brettl schon im Traum anschnallen.

Damit Sie bald zu den Begeisterten gehören, damit Sie an diesen Freuden teilhaben und den Skitouren-Winter lieben können, haben wir dieses Buch gemacht.

Wir haben Touren beschrieben, die mitunter länger sind, sie sind doch in Bezug auf Schwierigkeitsgrad des Aufstieges und der Abfahrt, dem Können eines Beginners (oder etwas Fortgeschrittenen) angepasst. Ausgewählt wurden sie auch in geografischer Hinsicht: Etwa eine Fahrtstunde vom Zentralraum Salzburg/Südbayern, nicht weiter sollte die beschriebene Route entfernt sein. Die abgebildeten Kartenausschnitte dienen der Orientierung, für unbekannte Touren ist eine Originalkarte hilfreich.

Weiters finden Sie viele theoretische und praktische Tipps, die wir extra für Einsteiger gesammelt haben ... Welche Ausrüstung braucht man? Was gehört in den Rucksack! Besuchenswerte Hütten und vieles mehr.

Alle Skitouren wurden von den Autorinnen im vergangenen Winter persönlich begangen, erkundet, fotografiert und beschrieben und, wo es möglich war, die Routen auf den Fotografien eingezeichnet. Dies war Voraussetzung für die Richtigkeit der Daten und die aktuelle Einschätzung der jeweiligen Touren.
Einen außerordentlich wertvollen Beitrag liefert Tobias Kurzeder in Zusammenarbeit mit Werner Munter, von ihnen stammt die Lawinenkunde! Sie haben in diesem Buch die neuesten wissenschaftlichen und praktischen Erkenntnisse kompakt und präzise publiziert. Wer sich damit befasst und sie sich zu Herzen nimmt, hat schon viel zu seiner Sicherheit beigetragen. Wir haben uns zwar bemüht, „quasi sichere Touren“ auszuwählen, aber es ist schon so: Lawinenfreie Touren gibt es nicht! Und wenn Sie erst das Tourenfieber gepackt hat und Sie mehr und mehr die Berge erkunden, kommen Sie an diesem Thema nicht vorbei.
Ob für Skitour oder Lawinenkunde, Martin Promberger, selbst begeisterter Tourengeher, hat in bewährter Weise mit seinen außergewöhnlichen Bildern dieses Buch verschönt – Sie werden sehen!
So wünschen wir viel Freude am Buch und den Skitouren!
Auf dass Sie immer gut nach Hause zurückkehren,

**das wünscht Ihnen das Autorenteam**

# Leitfaden durch den Informationsteil

## Anforderung

Der Punkt Anforderung wurde in drei Schwierigkeitsstufen geteilt.

- Leicht = blau
- Leicht/Mittel = blaurot
- Mittel = rot

Als „einfach“ werden jene Touren bezeichnet, die in Bezug auf Länge der Tour sowie Skitechnik keine Ansprüche stellen.
Unter der Schwierigkeitsstufe „einfach/mittel“ sind längere Touren zu verstehen, die eine Grundkondition voraussetzen.
„Mittel“ sind jene Touren, die mehr als bloße Grundkenntnisse erfordern: wenn mitunter Spitzkehren im Anstieg oder Ausdauer erforderlich sind, und bei Touren im hochalpinen Gelände.
Allen Touren ist gemeinsam, dass sie in relativ sicheren Lagen mit in der Regel bis zu 30 Grad steilen Hängen liegen.

## Charakter

Hier werden die wesentlichen Merkmale einer Tour zusammengefasst: Geländeform, Wald, Almen; Besonderheiten – Aussicht, Unbekannte Erlebnistour, Schneesicherheit. Kurzum, es sollen diese Punkte ein wenig jene Stimmung ankünden, die Tourengeher auf dieser Tour erwartet.

## Exposition

Damit ist die hauptsächliche Hangrichtung angegeben. Je nach Hanglage kann der Hinweis auf die Exposition eine Entscheidungshilfe bei der Tourenwahl sein, sowohl in Hinblick auf die Beurteilung einer möglichen Lawinengefahr, als auch in Bezug auf die Abfahrtszeit. Z. B.: Der Sonne zugeneigte Hänge – Süd –, bevor diese den Schnee aufgeweicht hat, also früh aufstehen! (Mehr darüber im Lawinenteil.)

## Beste Zeit

Diese Angabe ist nur bei besonderen Gegebenheiten angeführt.

### Anfahrt

Hier wird die Anfahrt zum Ausgangspunkt der Skitour mit Kilometerangabe, Abzweigungen, Fixpunkten sowie Parkmöglichkeit möglichst genau angeführt. Die Benutzung des (Gratis-)Parkplatzes – bei jeder Tour – wurde mit den Eigentümern abgesprochen oder auf Gebühren hingewiesen.

### Gehzeit

Die in diesem Buch angenommene Aufstiegszeit ist auf Skitouren-Einsteiger abgestimmt und wird mit 350 Höhenmetern pro Stunde angenommen. Widrige Verhältnisse wie tiefer Neuschnee oder harsche Spuren können die Aufstiegszeit freilich verlängern.

### Höhenunterschied

ist der Unterschied in Metern zwischen Ausgangspunkt und Tourenziel.

### Karte

Wir haben der plastischen Darstellung wegen Karten von der Firma ARGO KARTO verwendet. Karten von Kompass, Österreich-Karte, Freytag&Berndt oder AV-Karten wurden, soweit die Kartennummer bekannt war, angegeben.

### In den Rucksack gehören

Handy mit eingespeicherter EURO-Notrufnummer 112
LWS-Gerät, Sonde, Schaufel, Rettungsfolie
Verbandszeug – einige Pflaster, elastische Binde, Kompresse, Mullbinde
Lippen- und Sonnenschutz, Taschentücher.
Funktionsshirt zum Wechseln
Warme Fleecejacke als Reserve
Haube, warme Handschuhe
Ski- und/oder Sonnenbrille
Heißes Getränk in einer Thermosflasche, bei Frühjahrstouren zusätzlich Kaltgetränk
Jause: Vollkornbrot mit Wurst, Käse oder ... Obst, Traubenzucker
Tourenbeschreibung, Karte

## TIPPS!

Wenn Felle aufstollen, hilft ein kleines Stückchen Skiwachs – Fell damit einreiben!

Tourenstöcke mit großen, beweglichen Tellern geben mehr Halt!

Eine Tasse vom heißen Getränk für die Abfahrt aufheben; wenn bei Verletzungen auf Erste Hilfe gewartet werden muss, tut dieser besonders gut!

Nicht jede Spur wurde von einem Könner angelegt, nicht gedankenlos nachgehen!

Aufstiegsspur flach anlegen, das spart viel Kraft und lässt ein gleichmäßiges Gehen zu!

Traubenzucker oder Schokolade zum Naschen, das hilft besonders auf den letzten hundert Höhenmetern.

**Kneipptipp!**
Nach der Tour die dampfenden Socken ausziehen, Füße mit Schnee abreiben, frische Wollsocken anziehen. Das bringt warme Füße und ein Wohlgefühl!

Aufnahme: Martin Promberger.

# Inhaltsverzeichnis


## Berchtesgadener Alpen 17

Götschenkopf ... 18
Hirschkaser ... 20
Schneibsteinhaus ... 22
Stahlhaus ... 24
Toter Mann ... 26
Purtschellerhaus ... 28

## Chiemgauer Alpen 31

Lattengebirge ... 31
Dürrnbachhorn / Wildalphorn ... 32
Kreuzschneid ... 34

## Osterhorngruppe 37

Törlkopf ... 38
Frunstberg / Hoher First / Trattberg ... 40
Genneralm ... 43
Königsbergerhorn ... 44
Labenberg ... 46
Lidaun ... 48
Pillstein ... 50
Pitscherberg ... 52
Regenspitz / Bergköpfel ... 54
Schlenken (von Zillreit) ... 56
Schlenken (über Regnerberg) ... 58
Rinnbergalm / Schmalztrager ... 60
Spielberg ... 62

## Gosaukamm / Tennengebirge 67

Eiskarlschneid ... 68
Hofpürglhütte ... 70
Wetterkreuz Elmaualm ... 72

Hagengebirge 75
Priesbergalm / Roßfelder ... 76
Nesslangeralm ... 78
Zinkenkogel ... 80

Hochkönig 83
Birgkar ... 84
Hochkeil ... 86
Hoher First ... 88
Mitterriedl ... 90
Schoberofen ... 92
Wasserofen ... 94
Vierrinnen ... 96

Steinernes Meer / Loferer Steinberge / Kitzbüheler Alpen 99
Brimbachkögerl ... 100
Sodervoken / Schwarzeck ... 102
Spielbergalmen ... 104

Pinzgauer Grasberge 107
Bründlingkopf ... 108
Grünköpfl ... 111
Hoferplattl ... 113
Marbachhöhe (von Dienten) ... 115
Marbachhöhe (von Maria Alm / Hintermoos) ... 118
Sommerer Alm ... 122
Wastlhöhe ... 124

Goldegg / Großarltal 127
Meislstein ... 128
Ellmaualm ... 130
Kieserl ... 132
Loosbichl ... 134

# Inhaltsverzeichnis


Flachautal / Oberes Ennstal 137

Hahnpfalzköpfel ........ 138
Oberennsalmen ........ 141
Spirzinger ........ 144
Ursprungalm ........ 146
Roßbrand ........ 150

Taurachtal / Zauchtal 153

Fuchsloch ........ 154
Leckriedel auf der Tauernkarleiten ........ 156
Scheibenkogel ........ 158
Zauchenseer Rundtour über die Rauchkopfhütte ........ 162

Raurisertal 165

Bockart Scharte ........ 166
Kolmkar Spitz ........ 168

Lawinenfibel von 173 bis 245

Touren Von A Bis Z / Ausgangsort 246

## Tourenverzeichnis auf der Übersichtskarte (Seite 14/15)

| | | | |
|---|---|---|---|
| Tour 1 | Zinkenkogel | Tour 29 | Meislstein |
| Tour 2 | Elmaualm | Tour 30 | Birgkar |
| Tour 3 | Nesslangeralm | Tour 31 | Hoher First |
| Tour 4 | Lidaun | Tour 32 | Mitterriedl |
| Tour 5 | Frunts-/Trattberg Hoher First | Tour 33 | Schoberofen |
| Tour 6 | Labenberg | Tour 34 | Wasserofen |
| Tour 7 | Königsberghorn | Tour 35 | Vierrinnen |
| Tour 8 | Genneralm | Tour 36 | Brimbachkögerl |
| Tour 9 | Purtschellerhaus | Tour 37 | Grünköpfl |
| Tour 10 | Schlenken/ Regnerberg | Tour 38 | Bründlingkopf |
| Tour 11 | Rinnbergalm | Tour 39 | Marbachhöhe von Dienten |
| Tour 12 | Spielberg | Tour 40 | Bockart Scharte |
| Tour 13 | Pitschenberg | Tour 41 | Kolmkar Spitz |
| Tour 14 | Pillstein | Tour 42 | Hochkeil |
| Tour 15 | Regenspitz/ Bergköpfel | Tour 43 | Marbachhöhe von Maria Alm |
| Tour 16 | Schlenken/ Zillreit | Tour 44 | Hofer Plattl |
| Tour 17 | Stahlhaus | Tour 45 | Kieserl |
| Tour 18 | Schneibstein | Tour 46 | Loosbichl |
| Tour 19 | Priesbergalm/ Roßfeld | Tour 47 | Soder Voken |
| Tour 20 | Hirschkaser | Tour 48 | Dürrnbachhorn |
| Tour 21 | Toter Mann | Tour 49 | Kreuzschneid |
| Tour 22 | Götschenkopf | Tour 50 | Spielbergalmen |
| Tour 23 | Törlkopf | Tour 51 | Scheibenkogel |
| Tour 24 | Eiskarlschneid | Tour 52 | Obersennsalmen |
| Tour 25 | Hofpürglhütte | Tour 53 | Spirzinger |
| Tour 26 | Ellmaualm | Tour 54 | Hahnpfalzköpfel |
| Tour 27 | Sommereralm | Tour 55 | Rauchkopfhütte |
| Tour 28 | Wastlhöhe | Tour 56 | Leckriedel |
| | | Tour 57 | Fuchsloch |
| | | Tour 58 | Ursprungalm |
| | | Tour 59 | Roßbrand |

Aufnahme : Martin Promberger.

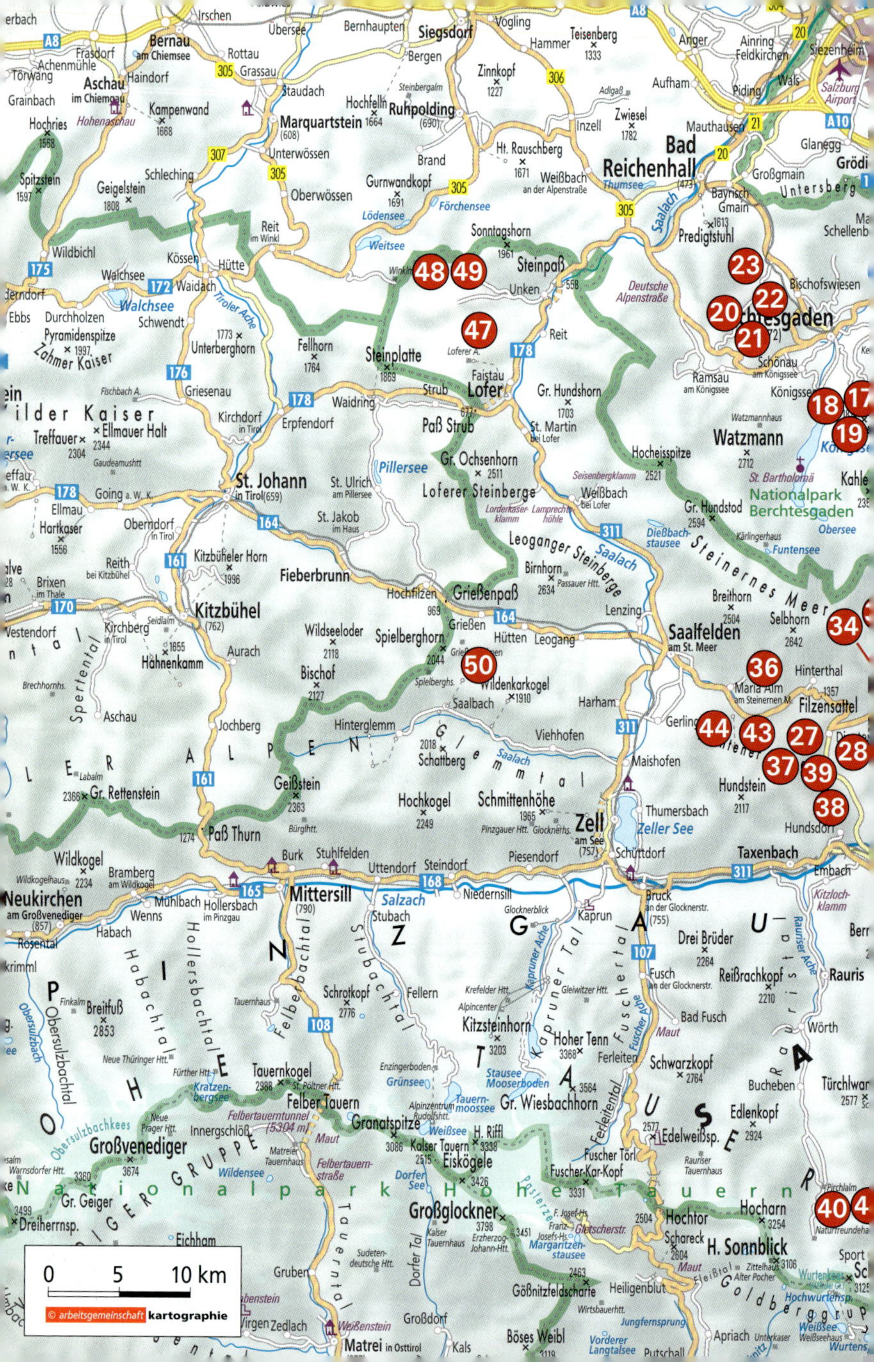

Irschen
Übersee
Bernhaupten
Siegsdorf
Vogling
Hammer
Teisenberg
1333
Anger
Ainring
Feldkirchen
Siezenheim
A8
Bernau
am Chiemsee
Frasdorf
Achenmühle
Törwang
Rottau
Grassau
305
Bergen
Zinnkopf
1227
306
Aufham
Piding
Wals
Salzburg Airport
Aschau
im Chiemgau
Haindorf
Grainbach
Hohenaschau
Kampenwand
1668
Staudach
Hochfelln
1664
Ruhpolding
(690)
Steinbergalm
Adlgaß
Inzell
Zwiesel
1782
Mauthausen
21
A10
Hochries
1569
Marquartstein
(608)
Unterwössen
307
Brand
Ht. Rauschberg
1671
Bad Reichenhall
(473)
Thumsee
20
Glanegg
Großgmain
Spitzstein
1597
Geigelstein
1808
Schleching
Oberwössen
Gurnwandkopf
1691
Lödensee
Förchensee
Weißbach
an der Alpenstraße
Bayrisch Gmain
Untersberg
Predigtstuhl
1613
Schellenberg
Reit
im Winkl
Weitsee
Sonntagshorn
1961
Wildbichl
Kössen
Hütte
175
Walchsee
Walchsee
172
Waidach
Tiroler Ache
Winkl
48
49
Steinpaß
558
Unken
23
22
Bischofswiesen
Deutsche Alpenstraße
20
Berchtesgaden
(572)
21
Ebbs
Durchholzen
Pyramidenspitze
1997
Zahmer Kaiser
Schwendt
1773
Unterberghorn
Fellhorn
1764
Steinplatte
1869
47
Loferer A.
Reit
178
Schönau
am Königssee
Ramsau
am Königssee
Königssee
176
Griesenau
Fischbach A.
Faistau
Lofer
Gr. Hundshorn
1703
18
17
19
Wilder Kaiser
Treffauer
2304
Ellmauer Halt
2344
Gaudeamushütte
Kirchdorf
in Tirol
Erpfendorf
Waidring
Strub
677
Paß Strub
St. Martin
bei Lofer
Watzmannhaus
Watzmann
2712
Hocheisspitze
2521
Königssee
St. Bartholomä
Kahle
Going a. W. K.
Ellmau
St. Johann
in Tirol (659)
St. Ulrich
am Pillersee
Pillersee
Gr. Ochsenhorn
2511
Loferer Steinberge
Seisenbergklamm
Weißbach
bei Lofer
Nationalpark Berchtesgaden
Hartkaser
1556
Oberndorf
in Tirol
164
St. Jakob
im Haus
Lorderkaser-klamm
Lamprechtshöhle
Gr. Hundstod
2594
Dießbach-stausee
311
Obersee
Kärlingerhaus
Funtensee
Reith
bei Kitzbühel
161
Kitzbüheler Horn
1996
Fieberbrunn
Leoganger Steinberge
Saalach
Birnhorn
2634
Passauer Htt.
Steinernes Meer
Brixen
im Thale
170
Kitzbühel
(762)
Seidlalm
Hochfilzen
969
Grießenpaß
Breithorn
2504
Selbhorn
2642
Lenzing
34
Westendorf
Kirchberg
in Tirol
1655
Hahnenkamm
Aurach
Wildseeloder
2118
Spielberghorn
2044
Grießen
164
Hütten
Leogang
Saalfelden
am St. Meer
Bischof
2127
50
Wildenkarkogel
1910
36
Hinterthal
1357
Maria Alm
am Steinernen M.
Filzensattel
Brechhornhs.
Spertental
Aschau
Jochberg
Spielberghs.
Saalbach
Harham
Hinterglemm
Viehhofen
311
Gerling
44
43
27
28
Kitzbüheler Alpen
2018
Schattberg
Glemmtal
Saalach
Maishofen
37
39
Labalm
2366
Gr. Rettenstein
161
Geißstein
2363
Bürglhtt.
Hochkogel
2249
Schmittenhöhe
1965
Pinzgauer Htt.
Glocknerhs.
Zell
am See
(757)
Thumersbach
Zeller See
Hundstein
2117
38
Hundsdorf
1274
Paß Thurn
Burk
Stuhlfelden
Uttendorf
Steindorf
Piesendorf
Schüttdorf
Taxenbach
311
Embach
Wildkogel
2234
Wildkogelhaus
Bramberg
am Wildkogel
165
Mittersill
(790)
168
Salzach
Niedernsill
Kitzlochklamm
Neukirchen
am Großvenediger
(857)
Mühlbach
Hollersbach
im Pinzgau
Wenns
Stubach
Glocknerblick
Kaprun
Bruck
an der Glocknerstr.
(755)
Habach
Rosental
Krimml
107
Drei Brüder
2264
Reißrachkopf
2210
Rauris
Hollersbachtal
Habachtal
Felberbachtal
Stubachtal
Kapruner Tal
Fuschertal
Fusch
an der Glocknerstr.
Rauriser Ache
Obersulzbach
Finkalm
Breitfuß
2853
Tauernhaus
Schrotkopf
2776
Fellern
Krefelder Htt.
Alpincenter
Gleiwitzer Htt.
Bad Fusch
Maut
Wörth
Obersulzbachtal
108
Kitzsteinhorn
3203
Hoher Tenn
3368
Ferleiten
Fuscher Ache
Neue Thüringer Htt.
Fürther Htt.
Kratzenbergsee
Tauernkogel
2988
St. Pöltner Htt.
Enzingerboden
Grünsee
Stausee Mooserboden
3564
Schwarzkopf
2764
Bucheben
Türchlwand
2577
Neue Prager Htt.
Obersulzbachkees
Innergschlöß
Felbertauerntunnel
(5304 m)
Felber Tauern
Maut
Granatspitze
3086
Alpinzentrum Rudolfshtt.
Tauernmoossee
Weißsee
Gr. Wiesbachhorn
H. Riffl
3338
Ferleitental
2577
Edelweißsp.
Edlenkopf
2924
Großvenediger
3674
Matreier Tauernhaus
Felbertauernstraße
Kalser Tauern
2515
Eiskögele
3426
Fuscher Törl
Rauriser Tauernhaus
Warnsdorfer Htt.
3360
Wildensee
Dorfer See
Fuscher-Kar-Kopf
3331
Pirchlalm
40
Nationalpark Hohe Tauern
Venedigergruppe
Hohe Tauern
Gr. Geiger
3499
Dreiherrnsp.
Großglockner
3798
Erzherzog-Johann-Htt.
3451
Kalser Tauernhaus
Pasterze
F. Josefs-Hs.
Gletscherstr.
Franz-Josefs-Hs.
Margaritzenstausee
2504
Hochtor
Scharek
2604
Hocharn
3254
H. Sonnblick
3106
Maut
Fleißtal
Zittelhaus
Alter Pocher
Naturfreundehaus
Sport
Eichham
Sudetendeutsche Htt.
Dorfer Tal
Tauerntal
2463
Gößnitzfeldscharte
Heiligenblut
Goldberggruppe
Wurtenkees
Hochwurtensp.
Gruben
Wirtsbauerhtt.
Jungfernsprung
Weißsee
Weißseehaus
Wurtens
Apriach
Unterkaser
Virgen
Zedlach
Weißenstein
Großdorf
Matrei in Osttirol
Kals
Böses Weibl
3119
Vorderer Langtalsee
Putschall
0
5
10 km
arbeitsgemeinschaft kartographie

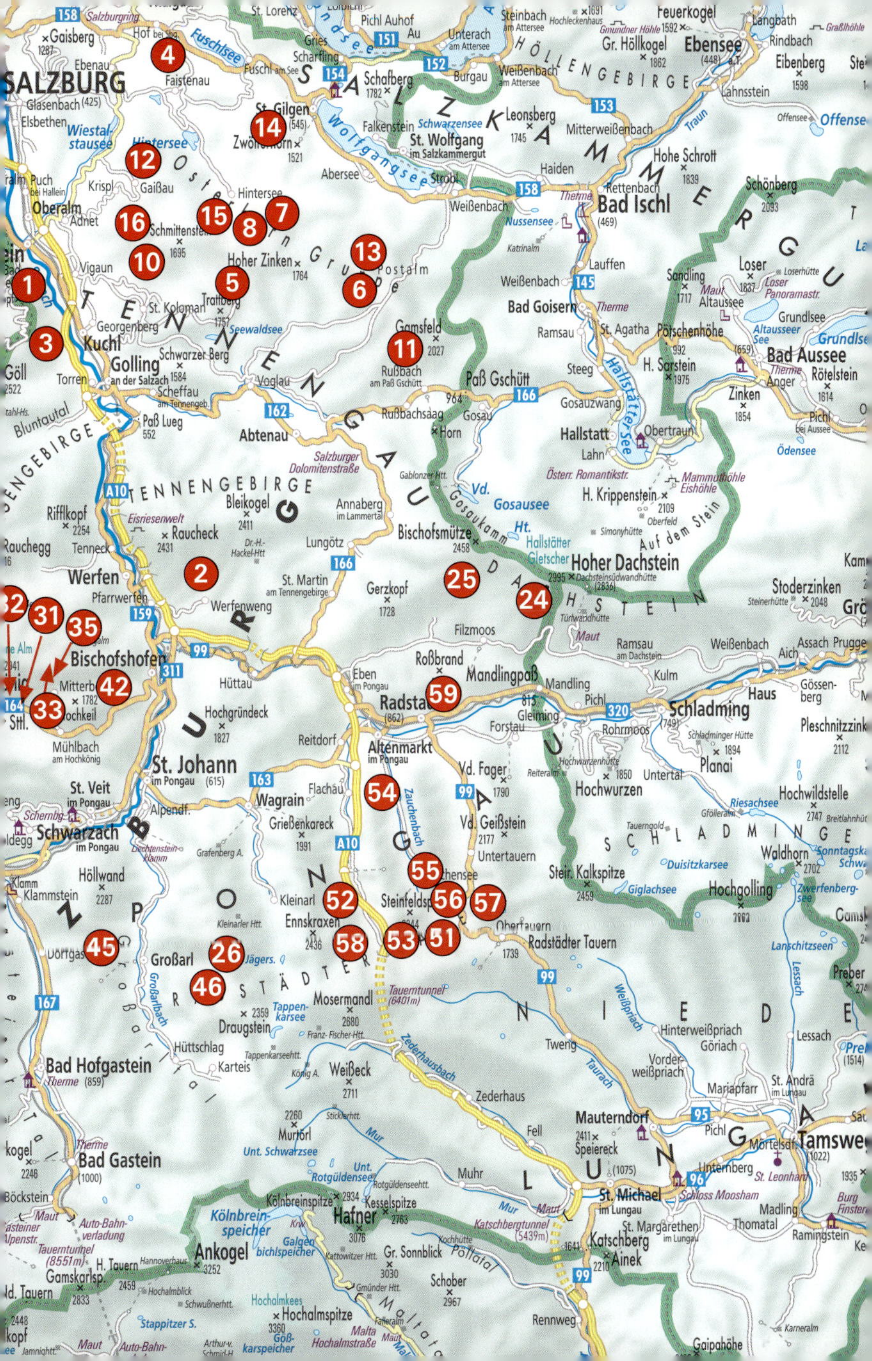

SALZBURG
Salzburgring
Gaisberg
Ebenau
Hof bei Sbg.
Faistenau
Fuschlsee
Fuschl am See
Glasenbach
Elsbethen
Wiestalstausee
Hintersee
Puch bei Hallein
Oberalm
Adnet
Krispl
Gaißau
Vigaun
St. Koloman
Trattberg
Georgenberg
Kuchl
Golling an der Salzach
Schwarzer Berg
Scheffau am Tennengeb.
Torren
Göll
Bluntautal
Paß Lueg
TENNENGEBIRGE
Abtenau
Voglau
Seewaldsee
Hoher Zinken
Schmittenstein
Osterhorn Gruppe
Postalm
St. Gilgen
Zwölferhorn
St. Lorenz
Gries
Scharfling
Pichl Auhof
Au
Unterach am Attersee
Steinbach am Attersee
Hochleckenhaus
Gmundner Hütte
Feuerkogel
Gr. Höllkogel
HÖLLENGEBIRGE
Ebensee
Langbath
Rindbach
Eibenberg
Lahnstein
Offensee
Schafberg
Burgau
Weißenbach am Attersee
Leonsberg
Schwarzensee
Falkenstein
St. Wolfgang im Salzkammergut
Wolfgangsee
Abersee
Strobl
SALZKAMMERGUT
Mitterweißenbach
Hohe Schrott
Haiden
Rettenbach
Bad Ischl
Therme
Nussensee
Weißenbach
Katrinalm
Lauffen
Schönberg
Loser
Loserhütte
Loser Panoramastr.
Sandling
Altaussee
Altausseer See
Grundlsee
Bad Goisern
St. Agatha
Pötschenhöhe
Ramsau
Bad Aussee
Rötelstein
Zinken
H. Sarstein
Steeg
Gosauzwang
Hallstätter See
Hallstatt
Obertraun
Lahn
Ödensee
Gamsfeld
Rußbach am Paß Gschütt
Paß Gschütt
Gosau
Rußbachsaag
Horn
Salzburger Dolomitenstraße
Gablonzer Htt.
Gosaukamm
Gosausee
Österr. Romantikstr.
Mammuthöhle
Eishöhle
H. Krippenstein
Oberfeld
Simonyhütte
Auf dem Stein
Hallstätter Gletscher
Hoher Dachstein
Dachsteinsüdwandhütte
Bleikogel
Eisriesenwelt
Raucheck
Dr.-H.-Hackel-Htt
Rifflkopf
Rauchegg
Tenneck
Werfen
Pfarrwerfen
Werfenweng
Lungötz
Annaberg im Lammertal
St. Martin am Tennengebirge
Bischofsmütze
Gerzkopf
DACHSTEIN
Türlwandhütte
Stoderzinken
Steinerhütte
Filzmoos
Ramsau am Dachstein
Weißenbach
Aich
Assach
Kulm
Mandling
Mandlingpaß
Roßbrand
Eben im Pongau
Radstadt
Pichl
Schladming
Haus
Gössenberg
Gleiming
Forstau
Rohrmoos
Schladminger Hütte
Pleschnitzzinken
Planai
Hochwurzenhütte
Hochwurzen
Untertal
Reiteralm
Bischofshofen
Mitterberg
Hochkeil
Mühlbach am Hochkönig
Hüttau
Hochgründeck
Reitdorf
Altenmarkt im Pongau
Vd. Fager
Zauchenbach
Vd. Geißstein
Untertauern
Hochwildstelle
Riesachsee
Duisitzkarsee
SCHLADMINGER
Giglachsee
Steir. Kalkspitze
Hochgolling
Waldhorn
Sonntagskar
Zwerfenbergsee
St. Johann im Pongau
St. Veit im Pongau
Schwarzach im Pongau
Schernberg
Alpendf.
Wagrain
Flachau
Grießenkareck
Grafenberg A.
Liechtensteinklamm
Höllwand
Klamm
Klammstein
Dorfgastein
Kleinarl
Kleinarler Htt.
Ennskraxen
Steinfeldspitze
Obertauern
Radstädter Tauern
Großarl
Jägers.
RADSTÄDTER
Tappenkarsee
Mosermandl
Tauerntunnel (6401m)
Draugstein
Franz-Fischer-Htt.
Tappenkarseehtt.
Hüttschlag
Karteis
Großarltal
Großarlbach
Bad Hofgastein
Therme
Weißeck
König A.
Zederhausbach
Zederhaus
Twéng
Taurach
Weißpriach
Hinterweißpriach
Göriach
Vorderweißpriach
Lessach
Lessach
Lanschitzseen
Preber
NIEDERE TAUERN
Mariapfarr
St. Andrä im Lungau
Mauterndorf
Speiereck
Pichl
Mörtelsdf.
Tamsweg
Unternberg
St. Leonhard
Schloss Moosham
Burg Finstergrün
Madling
Thomatal
Ramingstein
LUNGAU
St. Michael im Lungau
St. Margarethen im Lungau
Katschberg
Aineck
Katschbergtunnel (5439m)
Maut
Murtörl
Stickler Htt.
Mur
Unt. Schwarzsee
Unt. Rotgüldensee
Rotgüldenseehtt.
Muhr
Fell
Bad Gastein
Böckstein
Auto-Bahn-verladung
Tauerntunnel (8551m)
H. Tauern
Hannoverhaus
Ankogel
Gamskarlsp.
Hochalmblick
Schwußnerhtt.
Stappitzer S.
Kölnbreinspeicher
Kölnbreinspitze
Galgenbichlspeicher
Hafner
Kesselspitze
Kattowitzer Htt.
Gr. Sonnblick
Pöllatal
Schober
Gmünder Htt.
Hochalmkees
Hochalmspitze
Goßkarspeicher
Malta Hochalmstraße
Maltatal
Rennweg
Gaipahöhe
Karneralm
Arthur-v.-Schmid-H.

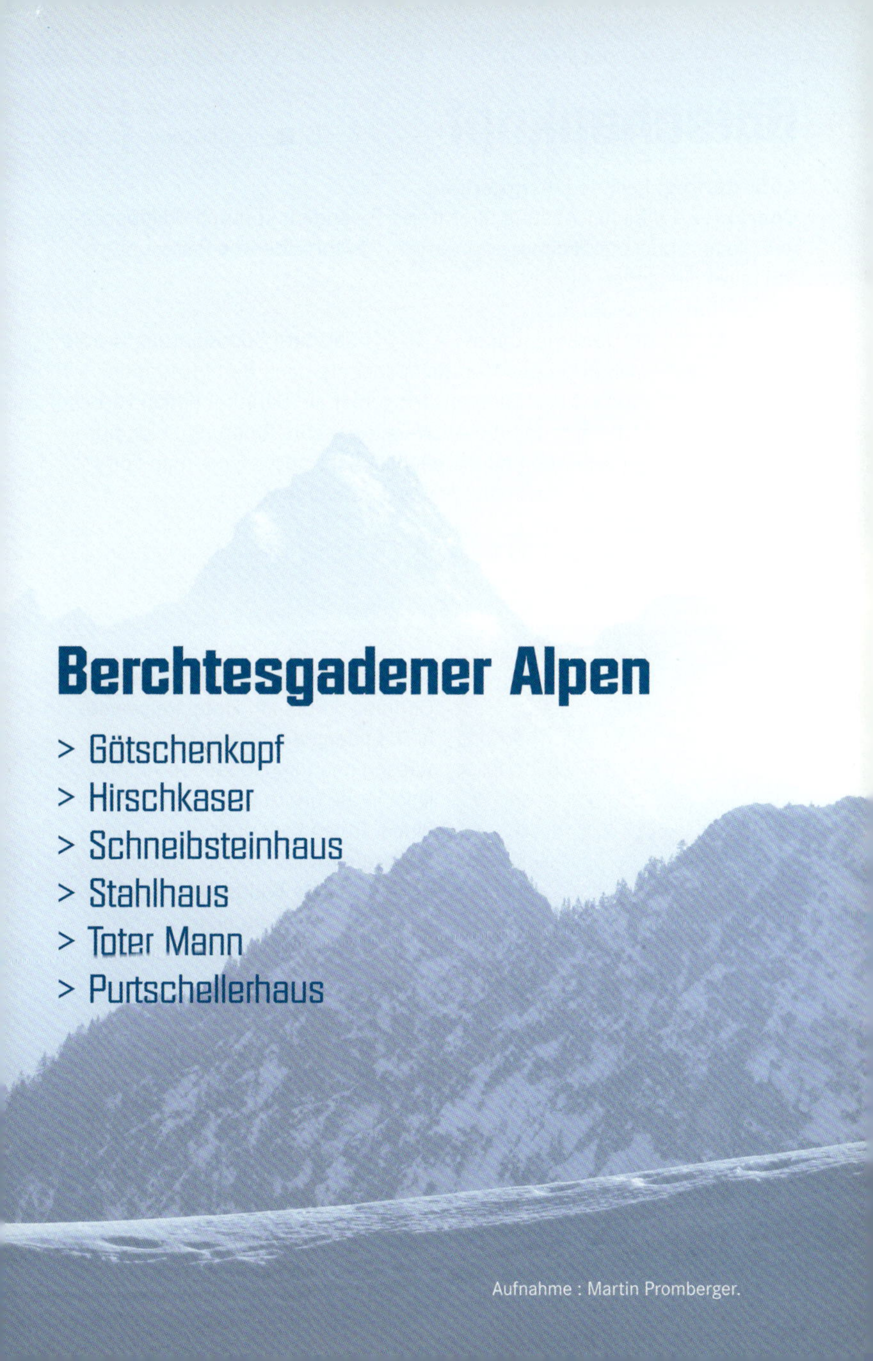

# Berchtesgadener Alpen

> Götschenkopf
> Hirschkaser
> Schneibsteinhaus
> Stahlhaus
> Toter Mann
> Purtschellerhaus

Aufnahme : Martin Promberger.

# Götschenkopf 1.307 m ● Christine Scherer

**Anforderung:** Leichte Einsteigertour.
**Charakter:** Einfacher Anstieg über freies Gelände und durch Waldpassagen, keine Spitzkehr-Technik erforderlich. Abfahrt über die Piste, unterer Teil teilweise steiler.
**Exposition:** Nord-Osten.
**Anfahrt:**. Von der Tauernautobahn A 10 bei Salzburg Süd Richtung Grödig abfahren, auf der B 305 über Marktschellenberg nach Berchtesgaden. Weiter nach Bischofswiesen und im Ortsgebiet am Bahnhof (links) vorbei gleich nach der Überführung die Abzweigung rechts Richtung Loipl, nun die Überführung passieren und die nächste links abzweigen, man kommt direkt auf einen großen Parkplatz hinter dem Bahnhof.
**Gehzeit:** 2 bis 2,5 Stunden.
**Höhenunterschied:** ca. 700 Meter.
**Karten:** Kompass 794.

Letzte Kehren unterm Götschenkopf

## Die Route:

Gleich vom Parkplatz den freien Osthang vorbei am Hotel Reissenlehen. Entlang der Talabfahrt über die Wiesen nach einem kurzen Anstieg links in die breite Waldschneise. Nach einem freien Feld quert man eine Hauszufahrt, ca. 100 m danach links in die schmale Waldschneise abzweigen. Kurz unterhalb einer Asphaltstraße kommt man wieder auf die Piste. Die Straße queren und ca. 150 m am Straßenrand entlang bis zum Wegweiser „Toter Mann" und „Götschenkopf", hier rechts ab dem meist gespurten Waldweg folgen. Letztes Stück zum Gipfel etwas steiler.

**Abfahrt:** Führt, ideal für weniger geübte Geländefahrer, über die Piste. Unten die Abzweigung Talfahrt wählen.

Götschenkopf, im Hintergrund links Watzmann, rechts Hochkalter.

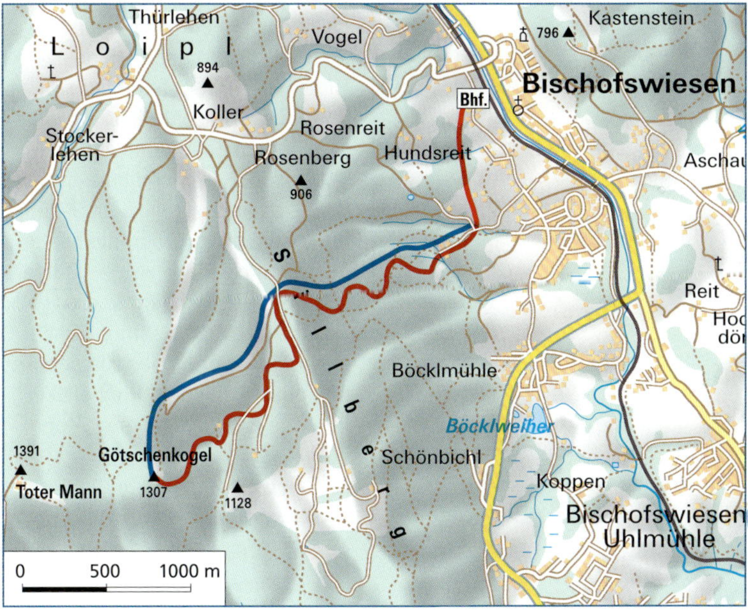

# Hirschkaser 1.385 m ●

Christine Scherer

**Anforderung:** Leicht.
**Charakter:** Gut beschilderter Waldweg, der am Gipfelaufbau vom Hischkaser etwas steiler wird und mit einigen Spitzkehren am Gipfel endet. Pistenabfahrt!
**Exposition:** West.
**Anfahrt:** Von der Tauernautobahn A 10 bei Salzburg Süd abfahren Richtung Grödig, auf der B 305 über Marktschellenberg nach Berchtesgaden. Weiter Richtung Ramsau, jedoch nicht in den Ort, sondern auf der Deutschen Alpenstraße weiter Richtung Loipl, Unterjettenberg, bis zur Abzweigung rechts Loipl/Hochschwarzeck, bergan bis zum Gasthof Schwarzeck, hier unterhalb der Straße auf großzügiger Parkfläche parken.
**Gehzeit:** Gut 1 Stunde.
**Höhenunterschied:** Zirka 400 Meter.
**Karten:** Kompass 794.

## Route:

Bereits vom Parkplatz aus ist Richtung Osten die Piste des Hirscheck, erkennbar. Man startet über das freie Feld Richtung Piste, nach einem Zaundurchlass ca. 100 m am Pistenrand links in den Waldweg abzweigen. Nun diesen, durchgehend mit Tourengehertafeln gut beschilderten Weg, folgen, im obersten Abschnitt in einigen Spitzkehren zum Gasthof Hirschkaser. Bergstation des Hirscheckliftes mit herrlichem Rundblick über die Berchtesgadener Alpen.

**Abfahrt:** Über die Piste des Hirscheckliftes bis zum Ausgangspunkt.

Von links nach rechts. Hoher Göll, Hohes Brett, Schneibstein, Windschartenkopf, Kahlersberg

Rast- und Sonnenplatz mit Aussicht zum Watzmann

# Schneibsteinhaus 1.650 m

Christine Scherer

## Einsam durch das Königstal ●

**Anforderung:** Mittel.
**Charakter:** Einfacher Aufstieg über Forststraßen und Wanderwege, nur kurze Abschnitte in Serpentinen, jedoch ist Kondition für die knapp mehr als 1000 Hm erforderlich.
Pistenabfahrt!
**Exposition:** West, Süd.
**Anfahrt:** Von Berchtesgaden zum Königssee, am gebührenpflichtigen Parkplatz der Jennerbahn parken.
**Gehzeit:** 3 bis 3,5 Stunden.
**Höhenunterschied:** 1.070 Meter.
**Karten:** Kompass Nr. 17.

Der Aufstiegsweg ist von Marterln und Gedenktafeln gesäumt.

## Die Route:

An der Jennerbahn anfangs kurz dem Pistenrand entlang, nach dem ersten Anstieg (ca. 150 Meter) an einem Hinweisschild rechts auf den für Tourengeher gekennzeichneten Weg abzweigen. Der besonders nach Schneefall idyllische Winterwanderweg ist von zahlreichen Marterln und alten Gedenktafeln gesäumt und besticht mit traumhaften Ausblicken auf den Königssee.
Vorbei an der Königsbachalm nach einem kurzen Anstieg an der Weggabelung rechts und nach 50 Metern dem Wegweiser Schneibsteinhaus folgen.
Achtung: Auf einer Anhöhe vor der Bärenwand nicht dem Wegweiser zum und Schneibsteinhaus folgen, sondern auf dem flachen Weg ins Königstal am Fuße der Bärenwand bleiben. In kurzen Serpentinen gelangt man auf eine Kuppe und geht nach einer kurzen Abfahrt den Talboden entlang. (Der auf der Kuppe abzweigende

Einer der zahlreichen Blicke auf den Königssee.

Weg über den Südosthang führt über den Rücken ebenfalls zum gleichen Ziel.)

Hier anfänglich etwas verwachsen, kommt der letzte Anstieg durch einen lichten Waldstreifen, und am freien Feld ist bald das Ziel in Sicht. Hat man Glück und das Schneibsteinhaus ist bewirtet, empfiehlt es sich hier einzukehren.

**Tipp:** Felle bleiben auf den Skiern für den kurzen Anstieg zur Abfahrt auf der Piste.

**Abfahrt:** Am Südosthang kurzer Anstieg zum Höhenweg, der zur Piste führt. Abfahrt über die herrlichen Pisten der Jennerbahn zum Ausgangspunkt.

# Stahlhaus 1.736 m

Christine Scherer

Pistenabfahrt!

**Anforderung:** Leicht.
**Charakter:** Schöne Einstiegstour. Zu Beginn südwestseitig gelegener Rundwanderweg, später Forststraße (kurze steilere Abschnitte).
**Pistenfrei!**
**Exposition:** West.
**Anfahrt:** Von Salzburg-Süd kommend über Markt Schellenberg weiter bis Unterau, dort den Abzweiger links auf die Roßfeldstraße nehmen und kurz vor Oberau rechts stets dem Wegweiser Richtung Obersalzberg folgen. Nach 5 km am Kreisverkehr Richtung Hinterbrand. Nach 7 km parkt man am gebührenpflichtigen Parkplatz.
**Gehzeit:** 2,5 bis 3 Stunden.
**Höhenunterschied:** 670 Meter.
**Karten:** Kompass Nr. 14.

Hütten Tour

## Die Route:

Am Ende des Parkplatzes folgt man dem Wegweiser „Stahlhaus“. Der meist flache, stets gespurte Höhenweg führt direkt zur Mittelstation der Jennerbahn. Dort quert man zweimal die Piste und folgt dem flachen, geradeausführenden Weg. Am Ende der großflächigen Westhänge vom Jenner (hier Achtung auf Schneebretter) zweigt eine Aufstiegsspur, die durch den Wald führt, ab. Diese Variante erfordert das Beherrschen der Spitzkehrtechnik und ist nur für geübte Tourengeher ratsam. Für Einsteiger empfiehlt es sich, auf dem geradeaus führenden Weg zu bleiben, der nach einer Brücke in die teilweise steile Forststraße zum Stahlhaus mündet. Auf diesem Weg bleibend, vorbei am Schneibsteinhaus (1.670 m), ist das Ziel bald in Sicht.
Für den Rückweg bleiben die Skier für die Querung zur Skipiste aufgefellt!

**Abfahrt:** Am Südwesthang befindet sich der Höhenweg, der mit kurzen Anstiegen und Rutschpassagen zur Piste führt. Über die Piste bis zum Wanderweg vom Aufstieg und über diesen zurück zum Parkplatz.

Abseit´s der Piste.

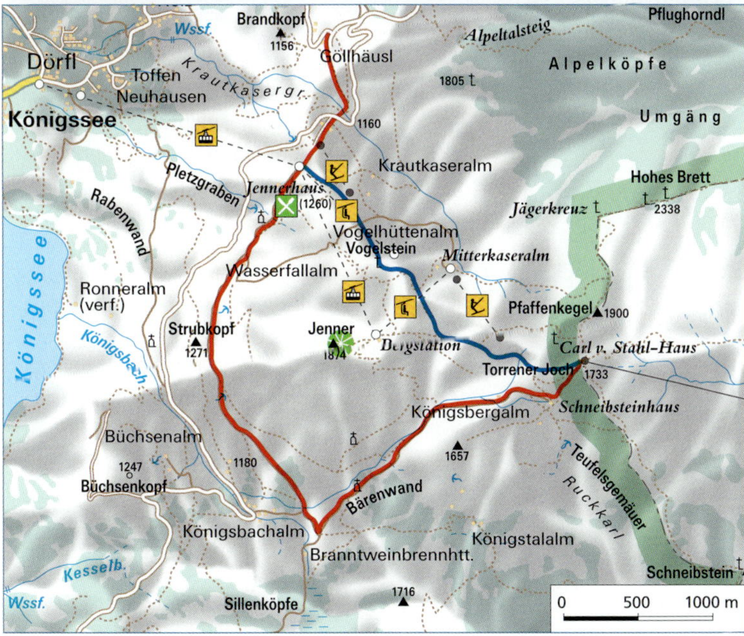

# Toter Mann 1.391 m •

Christine Scherer

**Anforderung:** Leicht.
**Charakter:** Optimale Anfängertour, Aufstieg über eine präparierte Rodelbahn mit stetig sanftem Anstieg, das Beherrschen von Spitzkehren ist nicht erforderlich. Abfahrt über die herrliche Piste vom Hirschecklift.
**Exposition:** Westen und Süden.
**Beste Zeit:** Ganzer Winter.
**Anfahrt:** Von der Tauernautobahn A 10 bei Salzburg Süd Richtung Grödig abfahren, auf der B 305 über Marktschellenberg nach Berchtesgaden. Weiter Richtung Ramsau, jedoch nicht in den Ort, sondern auf der Deutschen Alpenstraße weiter Richtung Loipl, Unterjettenberg bis zur Abzweigung nach rechts Loipl/Hochschwarzeck, bergan bis zum Gasthof Schwarzeck, hier unterhalb der Straße auf großzügiger Parkfläche parken.
**Gehzeit:** Gut 1 Stunde.
**Höhenunterschied:** Zirka 400 Meter.
**Karten:** Kompass 794.

## Die Route:

Oberhalb der Straße direkt hinter dem Gasthof Schwarzeck beginnt die Rodelbahn.
Im gemächlichen Anstieg stets der Rodelbahn entlang gelangt man auf einen Sattel, von dem aus rechter Hand der Benzolhütte auf der Kuppe des Toten Mannes bereits zu sehen ist.
Vom Gipfel herrlicher Rundblick, von hier auch gut der Hirschecklift für den Beginn der Abfahrt zu erkennen.

**Abfahrt:** Vom Sattel über einen kurzen Gegenanstieg zum Hirschecklift und von dort über die Piste zum Ausgangspunkt.

Die Benzolhütte auf der Gipfelkuppe vom Toten Mann.

# Purtschellerhaus 1.692 m • Christine Scherer

„Eckerleitl"

**Anforderung:** Leicht.
**Charakter:** Großteils über freie Hänge, der etwas steilere Endanstieg macht es erforderlich, die Technik der Spitzkehren zu beherrschen.
**Exposition:** Nord.
**Anfahrt:** Von Salzburg-Süd kommend über Marktschellenberg weiter bis Unterau, hier den Abzweiger links auf die Roßfeldstraße nehmen. Die mautpflichtige Roßfeldstraße bis zur Enzianhütte fahren und dort parken.
**Gehzeit:** 1,5 Stunden.
**Höhenunterschied:** 500 Meter.
**Karten:** f&b WK D5.

Morgenstimmung am Eckersattel

Tourenverlauf, im Hintergrund der Hohe Göll.

## Die Route:

Bereits von der Straße aus ist die baumfreie Eckerleitn gut zu erkennen. An freien Hängen bergan vorbei an der Ecker Alm führt die Spur auf den nordostseitig liegenden Rücken. Von hier erhascht man den ersten Blick aufs Purtschellerhaus und gelangt nun steiler in kurzen Serpentinen zum Ziel.

**Abfahrt folgt dem Anstieg.**

SKITOURENFÜHRER
Salzburg und angrenzende Gebiete.
Meine Spur
von CHRISTIAN HEUGL
und den besten Bergsteigern
Amon
Bachmaier
Inhöger
Precht
Rainer
Ringhofer
Rohrmoser
Strassegger
Tritscher
Watschinger
RUPERTUS VERLAG

BERGTOURENFÜHRER
Salzburg und Berchtesgaden
Meine Tour
Herausgeberin: Erika Scherer
Die schönsten Bergtouren von:
Amon, Enzinger, Heugl,
Inhöger, Precht, Rohrmoser,
Rainer, Scherer, Schranz, Watschinger
RUPERTUS VERLAG

# Chiemgauer Alpen

> Dürrnbachhorn / Wildalphorn
> Kreuzschneid

# Dürrnbachhorn 1.776 m ◐ Christine Scherer
# Wildalphorn 1.738 m ●

**Anforderung:** Leicht bis zum Grat, die anschließende Gratwanderung zum Dürrnbachhorn ist anspruchsvoller und erfordert Schwindelfreiheit.
**Charakter:** Freie Felder und ein kurzes Waldstück, anschließend weitläufige Almböden. Letzter Anstieg über locker bewaldetes Gelände, oben latschenbewachsener Rücken.
Pistenabfahrt!
**Exposition:** Ausläufer vom Heutal von Ost nach West.
**Anfahrt:** Auf der Loferer Bundesstraße nach Unken und von hier ins Heutal. Nach dem Gasthof „Heutaler Hof“ am Liftparkplatz gegen Gebühr parken.
**Gehzeit:** 2,5 Stunden.
**Höhenunterschied:** 820 Meter.
**Karten:** Kompass Nr. 14.

Wildalphorn

## Die Route:

Am Ende des Parkplatzes über die Brückc, danach gleich rechts zum Sammelplatz der Skischule Unken-Heutal. Am Ende des Babyliftes über die Brücke, nach 50 Metern, links der Straße geht's los. Über die freien Felder, dannach kommt bald ein kurzes Waldstück mit sanften Anstiegen, weiter geht's über die weitläufigen Almböden der Wildalm.
Nach den Almböden Anstieg Richtung Nordwest zur Endstation des Liftes. Nun über den locker bewaldeten Rücken zum Grat. Die meisten Tourengeher erachten den aussichtsreichen Kamm als Tourenziel.
Wer weitergehen möchte hat von hier kaum noch Höhenmeter zu bewältigen.

- Westwärts über den Grat noch ca. 15 bis 20 Minuten zum Dürrnbachhorn.
- Ostwärts über den Grat noch 10 bis 15 Minuten zum Wildalphorn (einfach und einsam).

Abfahrt folgt dem Anstieg, jedoch kann bei schlechten Schneeverhältnissen oder für Einsteiger hier auch die Piste als Abfahrt gewählt werden.

Grat zum Dürrnbachhorn.

# Kreuzschneid 1.669 m ●

Christine Scherer

**Anforderung:** Leicht.
**Charakter:** Nach einem kurzen Anstieg durch den Wald geht's auf einem freien, oben mit Latschen bewachsenen Südhang zum Kamm.
**Exposition:** Ost.
**Beste Zeit:** Wegen des Latschenbewuchses ist eine hohe Schneelage angenehm.
**Anfahrt:** Auf der Loferer Bundesstraße nach Unken und von hier ins Heutal. Nach dem Gasthof „Heutaler Hof“ am Liftparkplatz gegen Gebühr parken.
**Gehzeit:** 2 Stunden.
**Höhenunterschied:** 730 Meter.
**Karten:** Kompass Nr. 14.

## Die Route:

Am Ende es Parkplatzes über die Brücke, danach gleich rechts zum Sammelplatz der Skischule Unken-Heutal. Am Ende des Babyliftes über die Brücke, nach 50 Metern links der Straße geht's los. Über die freien Felder, kommt bald ein kurzes Waldstück mit sanften Anstiegen. Hat man den Wald passiert, geht's vorbei an der Wildalm und gleich danach, rechter

Auf der Schneid

Aufstiegsspur.

Hand, geht's den freien Südhang hinauf bis in eine Senke, hier wieder rechts halten und den mit Latschen bewachsenen Rücken hinauf bis auf den Grat.

**Abfahrt folgt dem Anstieg.**

# Lattengebirge

> Törlkopf

# Osterhorngruppe

> Frunstberg/Hoher First/Trattberg
> Genneralm
> Königsbergerhorn
> Labenberg
> Lidaun
> Pillstein/Zwölferhorn
> Pitscherberg
> Regenspitz/Bergköpfel
> Schlenken von Zillreit
> Schlenken über Regnerberg
> Rinnbergalm/Schmalztrager
> Spielberg

# Törlkopf 1.704 m

Christine Scherer

**Anforderung:** Mittel.
**Charakter:** Aufstieg durch Wald oder über Forststraße, ab der Mitterkaseralm über einen lichten Osthang bis zur Törlschneid und über einen leicht bewaldeten, oben mit Latschen bewachsenen Westhang zum Gipfel.
**Exposition:** Ost, Südwest.
**Anfahrt:** Von der Tauernautobahn A 10 bei Salzburg Süd Richtung Grödig abfahren, auf der B 305 über Marktschellenberg nach Berchtesgaden. Weiter nach Bischofswiesen bis nach dem Ort Winkl. An der Abzweigung Loipl links weg und gleich darauf wieder rechts Richtung Camping Winkl, nach zirka 200 Metern rechts in den Klaushäuslweg, auf dem flachen Weg bleiben, vorbei am Klaushäusl bis zum Schranken und hier parken.
**Gehzeit:** 2,5 bis 3 Stunden.
**Höhenunterschied:** 1.050 Meter.
**Karten:** Kompass 794.

## Die Route:

Auf dieser Straße bleibend den Schranken passieren und weiter bis zu einer Brücke, gleich danach rechts in die Waldschneise. Bald kommt man wieder auf die Forststraße, der Aufstieg kann beliebig sowohl über die Forststraße oder weiter im Wald gewählt werden.
Am höchsten Punkt der Forststraße den Wegweiser Richtung Törlkarkopf nehmen und weiter bis zur Mitterkaseralm. Über den lichten Osthang hinauf zur Törlschneid, nach rechts Richtung Norden geht's vorbei an der Diensthütte der Bergwacht. Nun noch 200 Höhenmeter über den Westhang zum Gipfel.
**Abfahrt wie Anstieg.**

Mitterkaseralm.

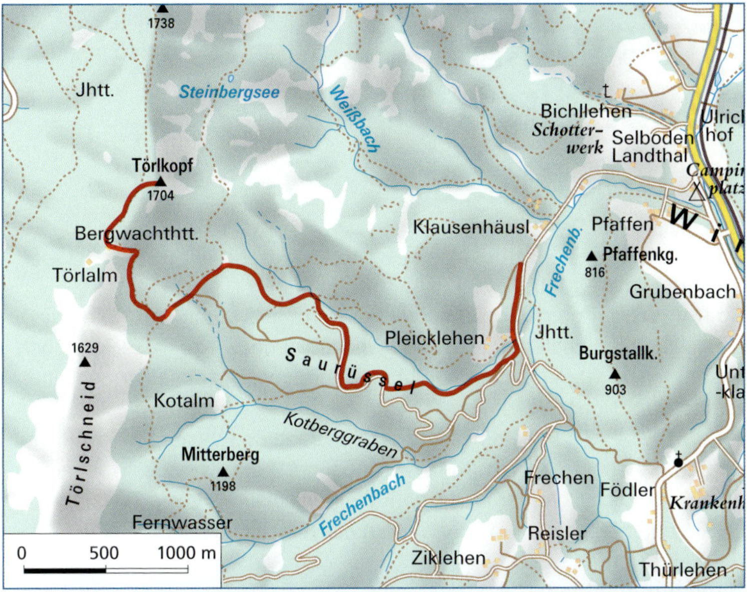

Aufstiegsroute Törlkopf.

# Frunstberg 1.673 m
# Hoher First 1.718 m
# Trattberg 1.757 m

Christine Scherer

Vom Tauglboden ●

**Anforderung:** Mittel.
**Charakter:** Der nordseitige Anstieg führt großteils durch den Wald (für Einsteiger kann auch der Forstweg gewählt werden), was diese Tour noch gehbar macht, wenn andere stadtnahe Touren bereits ohne Schnee sind.
**Exposition:** Nord, West.
**Anfahrt:** Über die Halleiner Bundesstraße nach Bad Vigaun, weiter Richtung St. Koloman. Von der Römerbrücke (über die Taugl) noch 1,8 km, dann links nach Sommerau, dort am Wegdreieck links in die Tauglbodenstraße und noch ca. 4 km bis zum Parkplatz der Bundesforste fahren.
**Gehzeit:** 3 Stunden.
**Höhenunterschied:** Gut 1.000 Meter.
**Karten:** Kompass Nr. 15.

Von links nach rechts: Hoher First, Frunstberg und in der Senke die Hintertrattberg-Almen.

## Die Route:

Bereits vom Ende des Parkplatzes aus ist der Ausgangspunkt vor einer Brücke rechts der Straße ersichtlich. Dieser Forststraße mit dem Wegweiser „Tuschenriedl/Saugraben“ folgen. Bald nach Belieben die flache Forststraße oder den Waldanstieg wählen. Über die Forststraße gelangt man auf ein freies Feld und geht zur Gänze eine Rechtskehre und damit wieder zurück zum Tuschenriedl. Am Ende der Forststraße führt der Sommerweg mit zahlreichen Markierungen in Serpentinen über den Rücken zu den Wimmer/Christl-Almen.
Hier kann man wählen:

1. Richtung Osten in 250 Höhenmetern auf den Frunstberg oder
2. Über den im Osten liegenden Sattel weiter auf den Hohen First (mit kurzem Gegenanstieg auf dem Rückweg) oder
3. Auf den im Westen liegenden Trattberg. Dazu geradeaus weiter über die Zufahrt der Almen Richtung Enzianhütte und vom Westen her auf den Gipfel. Die Abfahrt über den Trattbergnordrücken und die anschließende steile Waldabfahrt ist Geübten vorbehalten.

**Abfahrt folgt dem Anstieg**

Trattberg mit Anstieg und Abfahrt über den Nordrücken.

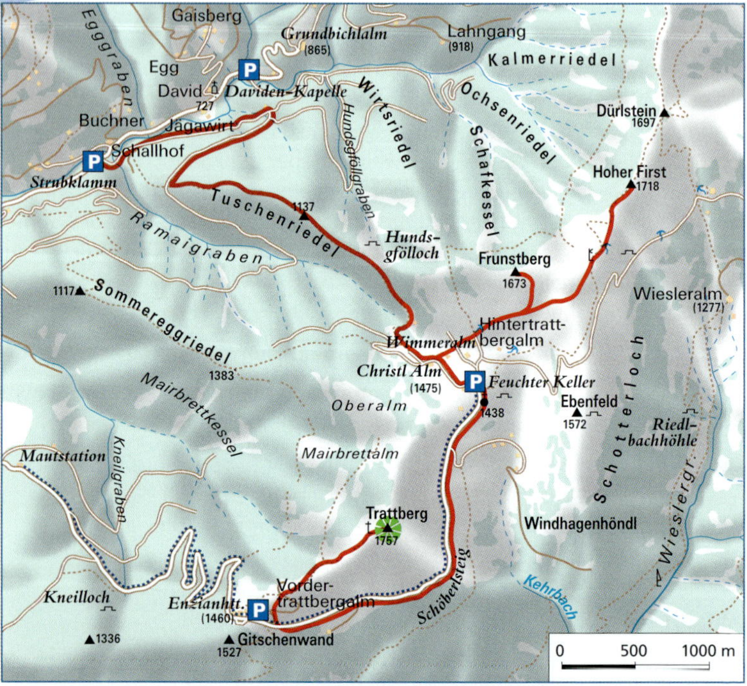

Hoher First mit Aufstiegsspur.

# Genneralm 1.295 m

**Christine Scherer**

## Zur Sonnenrast auf die Alm

**Anforderung:** Leichte Einsteigertour.
**Charakter:** Forststraße, die auch mit der Rodel befahren wird.
**Exposition:** Nord.
**Anfahrt:** Über die Faistenauer Landesstraße nach Hintersee und weiter bis zum Parkplatz Lämmerbach am Talschluss. (801 Hm).
**Gehzeit:** 1,5 Stunden.
**Höhenunterschied:** 490 Meter.
**Karten:** f&b WK 392.

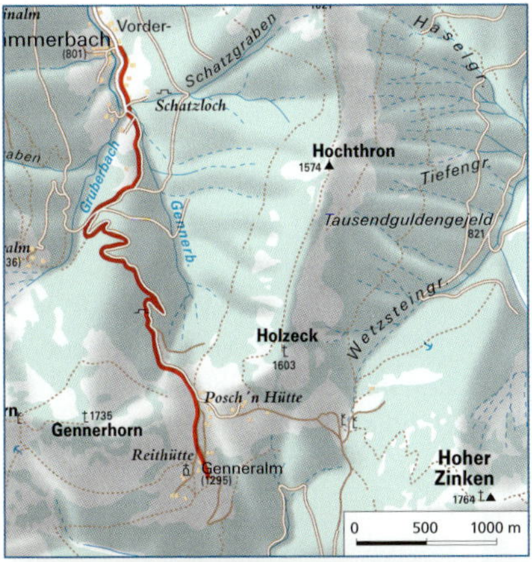

## Die Route:

Vom Parkplatz startet man gleich auf der zum Ziel führenden Forststraße. Für Einsteiger empfiehlt es sich, diese zwar etwas weitere, aber einfachere Aufstiegsvariante zu wählen. Wer schon etwas geübter ist, wählt die kürzere, etwas steilere Aufstiegsspur durch den Wald, die bei schlechten Schneeverhältnissen über Wurzeln und Gestein Übung erfordert.
**Abfahrt wie Anstieg.**

**Hinweis:** Weiterführende Varianten wie Gennerhorn und Hochwieskopf siehe Skitourenführer „Meine Spur“.

Auf der Genneralm genießen zwei Tourengeher den schönen Ausblick.

# Königsbergerhorn 1.621 m • Christine Scherer

**Anforderung:** Mittel, Kondition und das Beherrschen von Spitzkehren erforderlich.
**Charakter:** Großteils nordseitig ausgerichtete Tour, erst über Forst- und Waldweg durch den Waldgürtel und anschließend über den steilen Nordwestrücken zum Gipfel. Die steile Nordflanke ist bei guten und sicheren Schneeverhältnissen ein berauschendes Abfahrtserlebnis.
**Exposition:** Nordwest.
**Anfahrt:** Über die Faistenauer Landesstraße nach Hintersee, ab Ortszentrum Hintersee nach 1,2 km links Richtung Königsberg abzweigen, auf dem kleinen Parkplatz parken.
**Gehzeit:** 2,5 bis 3 Stunden.
**Höhenunterschied:** 900 Meter.
**Karten:** f&b WK 392.

## Die Route:

Schon vom Parkplatz aus ist am Westhang der Beginn der Tour gut ersichtlich.

Am Forstweg dem Wegweiser „Schafbachalm" kurz folgen und den nächsten freien Hang rechter Hand als Aufstieg wählen. Ab jetzt über einen schmalen Waldweg bis zur Nordflanke, nun in Spitzkehren rechtshaltend zum Nordwestrücken und über diesen zum Gipfel. Die Anstrengung wird mit einem herrlichen Ausblick belohnt.

**Abfahrt:** Vom Gipfel direkt über den steilen nordseitigen Gipfelhang (dabei rechts bleiben, um einen Gegenanstieg zu vermeiden). In einem Bogen an der Karschhütte vorbei zurück zur Aufstiegsspur (Schlageben); weiter wie Anstieg.

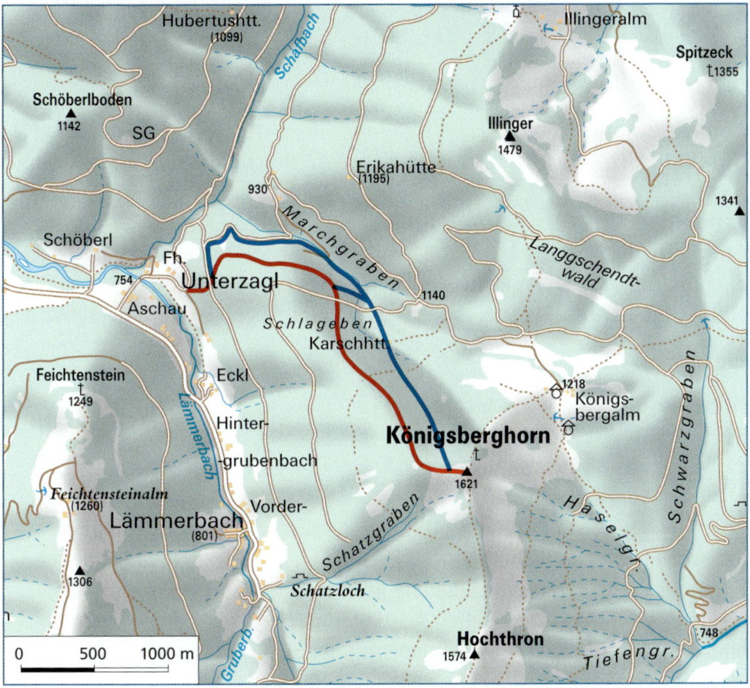


Am Gipfelgrat.

# Labenberg 1.642 m •

Christine Scherer

Klassiker auf dem sonnigen Postalmplateau

**Anforderung:** Leicht.
**Charakter:** Nach einem schmalen, lichten Waldband über die freien Hänge zum Gipfel.
**Exposition:** Ost.
**Anfahrt:** Von Salzburg nach Golling, über das Lammertal bei Voglau auf die mautpflichtige Postalmstraße zum großen, links der Straße liegenden Liftparkplatz. Anfahrt auch von Strobl am Wolfgangsee über Postalmstraße möglich.
**Gehzeit:** 1,5 Stunden.
**Höhenunterschied:** 517 Meter.
**Karten:** f&b WK 392.

## Die Route:

Anfänglich kurz am Pistenrand entlang, das Ziel direkt vor Augen, quert man die Langlaufloipe und geht rechts der kleinen Hütte in die schmale Waldschneise. An der Weggabelung links über die Brücke, vorbei an der Lienbachalm. Mit stetig flachen Anstiegen passiert man das Waldband und kommt über den freien Osthang auf die Schneid, von der aus nun schon der südseitige Gipfelhang zu sehen ist.
Herrlicher Blick auf die Osterhorngruppe.
**Abfahrt folgt dem Anstieg.**

Am Liftende der Weg in den Wald mit dem Ziel vor den Augen.

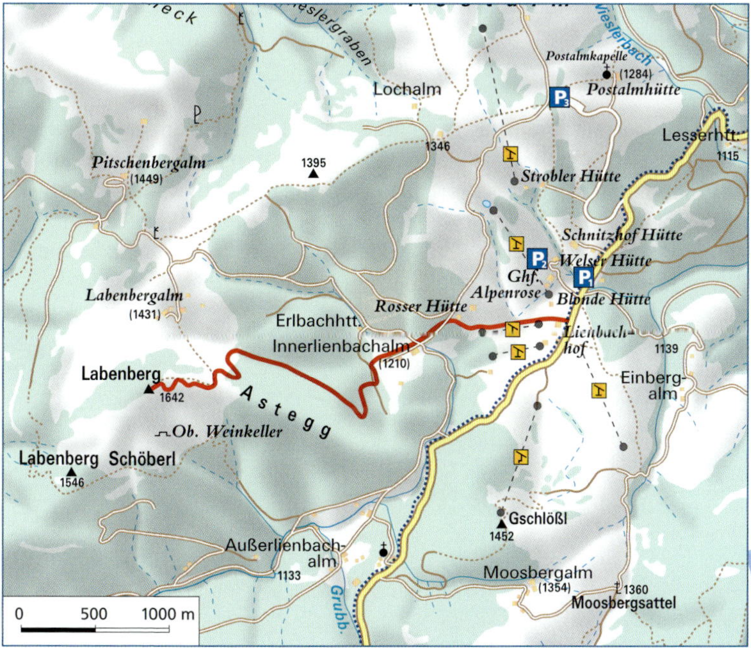

# Lidaun 1.237 m •

Christine Scherer

**Anforderung:** Leicht.
**Charakter:** Leichte Einsteigertour.
**Exposition:** Ost.
**Anfahrt:** Auf der Faistenauer Landesstraße bis zum Ortsteil Wald (kurz vor Faistenau), rechts am ehemaligen Klaushoflift ist der Ausgangspunkt der Tour.
**Gehzeit:** 1,5 Stunden.
**Höhenunterschied:** 460 Meter.
**Karten:** Kompass Nr. 17.

## Die Route:

Über die freie Wiese der ehemaligen Piste den Osthang bergan. Am Ende der Wiese den Forstweg queren und nun den schmalen Waldweg (märchenhaft bei viel Neuschnee) nehmen, der bis kurz unter den Gipfel führt. Der letzte Anstieg führt über den lichten Wald zur bereits erkennbaren Gipfelkuppe.
**Abfahrt folgt dem Anstieg.**

**Tipp:** Der schmale Waldweg kann über eine Forststraße umfahren werden. Dazu nach der ersten waldfreien Lichtung nicht den rechts abbiegenden Waldweg nehmen, sondern geradeaus Richtung Norden weiterfahren, nach einem lichten Waldstück kommt man auf die Forststraße, diese abfahren, bis man auf die Aufstiegsspur trifft. Nun linker Hand die freie Wiese zum Ausgangspunkt genießen.

Früh übt sich.

Lidaun - im Tal der Wiestalstausee, links vom Gipfelkreuz der Hohe Göll, rechts der Watzmann.

# Pillstein 1.478 m ●

Christine Scherer

Zwölferhorn 1.522 m

**Anforderung:** Leicht.
**Charakter:** Abseits von der bekannten und sehr viel begangenen Tour auf das Zwölferhorn, wird auch als Alternativroute für das Zwölferhorn gewählt.
**Exposition:** Nord, Nordwest.
**Anfahrt:** Von Faistenau einen Kilometer Richtung Hintersee, dann links in die Tiefbrunnau abzweigen. 2,5 km nach dem Ortsschild Tiefbrunnau gleich am ersten Parkplatz links der Straße parken.
**Gehzeit:** 2 bis 2,5 Stunden.
**Höhenunterschied:** 680 Meter.
**Karte:** Kompaß Nr. 15.

## Die Route:

Am Ende des Parkplatzes verlässt man diesen rechter Hand und quert den Bach über einen schmalen Steg. Anschließend über die freien Felder an den Kühleitenhütten vorbei kommt man bald auf einen Forstweg und folgt diesem bis zur Mehlsackalm.

Blick zum Zwölferhorn

Weiter geht's südwärts den Talboden entlang. Hier ist es ratsam, sich dem Westhang fernzuhalten, da hier schon bei geringer Lawinengefahr immer wieder, nicht nur an den freien Hängen, sondern auch im Wald, Schneebretter abgehen können (siehe Bild).
Am Talschluss dreht man westwärts ab auf die Schneid und folgt dem vorerst südwestlichen Hang, später dem Gratweg zum Gipfel.Von hier genießt man eine herrliche Sicht zum Wolfgangsee und zum nicht mehr weit entfernten Zwölferhorn. Um

dieses zu erreichen, fährt man in die Senke und geht von dort den kurzen Anstieg über den Bergkamm zum Ziel.

**Abfahrt folgt dem Anstieg.**
Wer allerdings noch weitergeht aufs Zwölferhorn, fährt über die Skiabfahrt zur Sausteigalm, danach den Almweg in die Tiefbrunnau zum Ausgangspunkt.

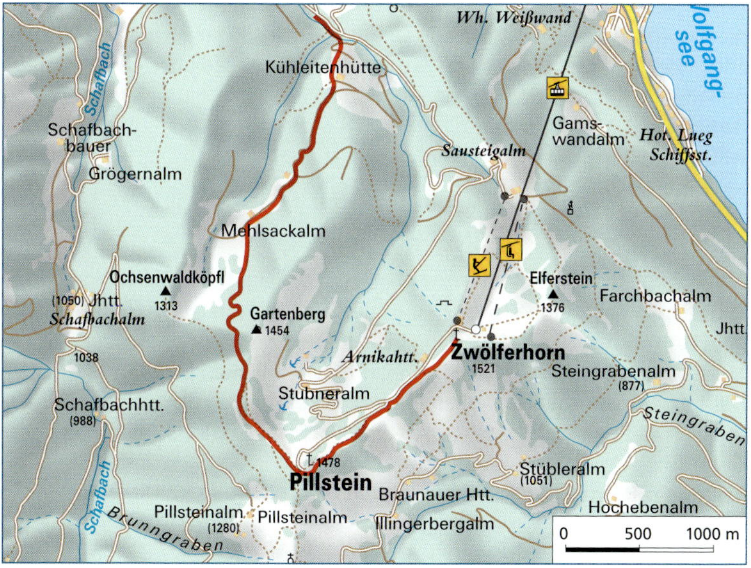

Mehlsackalm mit Aufstiegsspur.

# Pitscherberg 1.720 m ●

Christine Scherer

**Anforderung:** Leicht.
**Charakter:** Ideale Einsteigertour , der Anstieg über den lichten Lärchenwald eine herrliche Winterwanderung, am südostseitigen Gipfelgrat wird man mit einem herrlichen Ausblick auf den Wolfgangsee belohnt.
**Exposition:** Südost.
**Anfahrt:** Von Salzburg nach Golling, über das Lammertal bei Voglau auf die mautpflichtige Postalmstraße zum großen, links der Straße liegenden Liftparkplatz. Anfahrt auch von Strobl am Wolfgangsee über Postalmstraße möglich.
**Gehzeit:** 1,5 bis 2 Stunden
**Höhenunterschied:** 600 Meter.
**Karten:** f&b WK 392.

## Die Route:

Anfänglich kurz am Pistenrand entlang, quert man die Langlaufloipe und geht rechts der kleinen Hütte in die schmale Waldschneise. An der Weggabelung rechts am Bach entlang bis zur Erlbachhütte, nun vor der Hütte rechts den herrlichen Skiwanderweg durch den lichten Lärchenwald.
Der letzte Anstieg am Gipfelhang bietet am Grat einen traumhaften Ausblick auf den Wolfgangsee. Am Gipfel scheinen das Osterhorn und der Hohe Zinken zum Greifen nahe.
**Abfahrt folgt dem Anstieg.**

Unter uns der Wolfgangsee.

Aufstiegsroute.

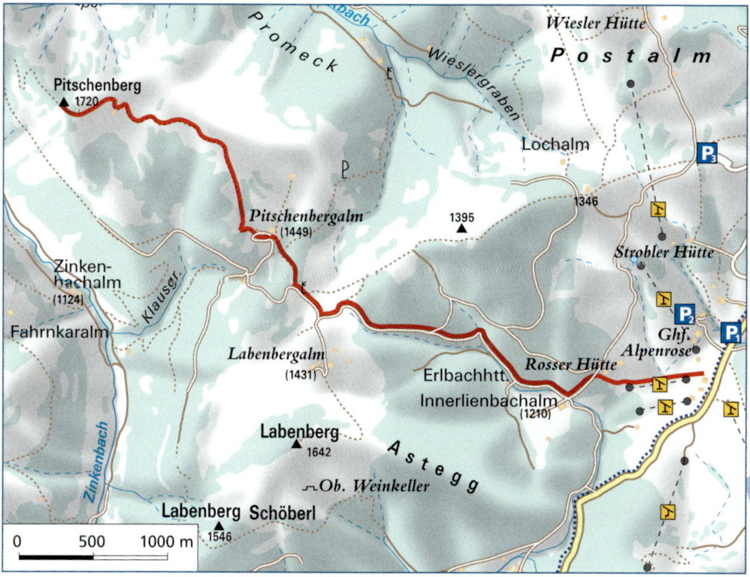

# Regenspitz 1.675 m
# Bergköpfel 1.480 m

Christine Scherer

Vom Tauglboden über die Südseite

**Anforderung:** Mittel (bis zur Bergalm leicht).
**Charakter:** Bis zur Bergalm einfach, der meist gespurte Anstieg führt gemächlich durch den Wald und über Felder. Der südseitige Gipfelanstieg wird steiler und führt über Spitzkehren zum Ziel.
**Exposition:** Südseite.
**Anfahrt:** Über die Halleiner Bundesstraße nach Bad Vigaun, weiter Richtung St. Koloman. Von der Römerbrücke noch 1,8 km, dann links nach Sommerau, dort links in die Tauglbodenstraße und noch 5 km bis zum Ende der Straße fahren. Der kleine Parkplatz ist oft überfüllt, in diesem Fall die zwei Parkplätze an der alten Volksschule, 1 km vorher, wählen. (Ausgangspunkt zu den Schlenksteinalmen, ebenfalls Einsteigertour, siehe Skitourenführer „Meine Spur".)
**Gehzeit:** 2,5 bis 3 Stunden.
**Höhenunterschied:** 850 Meter.
**Karten:** f&b WK 392.

Südflanke vom Regenspitz

## Die Route:

Vom letzten Parkplatz aus den geradeaus weiterführenden Weg bis zur Grundbichlalm, daran vorbei und hinter der Alm über das freie Feld. Die Richtung beibehaltend immer nordwärts durch die schmale Waldschneise, quert man mehrmals den Forstweg und kommt auf die freien Almböden der Bergalm. Vor den Almen rechts ostwärts zum bereits sichtbaren Gipfelhang. Wer die steileren Spitzkehren der verbleibenden 430 Höhenmeter zum Gipfel nicht mehr gehen will, findet auf der

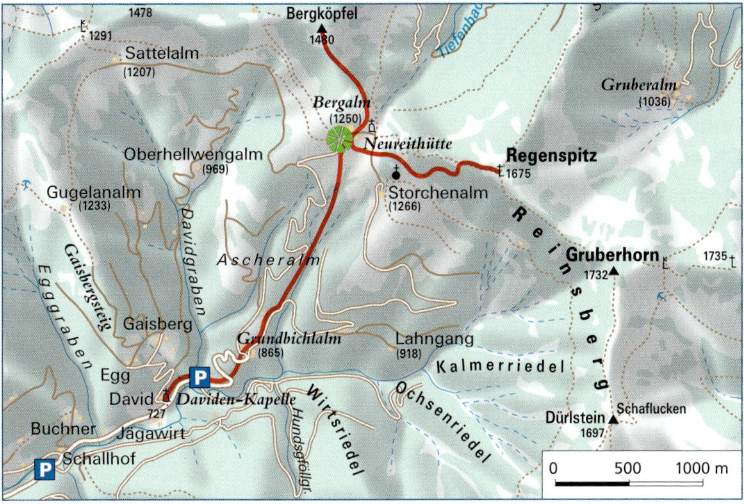


Bergalm eine nette sonnige Raststelle.

Als Alternative führt hinter der Bergalm nordwestlich der Anstieg auf das Bergköpfel, 1.480 Meter (siehe Bild).

Abfahrt von der Bergalm und vom Bergköpfel folgt dem Anstieg.

Abfahrt vom Regenspitz:

Über die südliche Gipfelflanke, weiter über die Felder, danach durch den Wald und bald auf die Forststraße. Je nach Schneelage weiter durch den Wald oder auf der Forststraße bleibend bis zur Grundbichlalm.

**Danach den Aufstiegsweg zurück.**

Bergalm mit Aufstiegsspur zum Bergköpfel.

# Schlenken 1.648 m ●

Christine Scherer

Von Zillreit

**Anforderung:** Leicht.
**Charakter:** Flacher Weg bis zu den Almen, danach in wenigen weitläufigen Spitzkehren über den Südosthang zum Gipfel.
**Exposition:** Ost.
**Anfahrt:** A1 Ausfahrt Hallein, die Wiestalstraße Richtung Krispl, auf Höhe Seefeldmühle die Abzweigung rechts nach Krispl nehmen. Nach 6,2 km rechts abzweigen zum Gasthaus Zillreit, dort parken.
**Gehzeit:** 2 Stunden.
**Höhenunterschied:** 530 Meter.
**Karten:** Kompass Nr. 17.

## Die Route:

Vom Gasthaus Zillreit aus entlang der Forststraße, vorbei am Halleinerhaus, hier verlässt man die Straße ostwärts über die meist gespurten Felder bis zu den letzten Häusern. Dort folgt man wieder der Forststraße. Nach dem Schranken an der Abzweigung dem Wegweiser südwärts zu den Schlenkenalmen folgen.
(Die Variante links über den Jägersteig erfordert etwas Können und das Beherrschen von Spitzkehren.)

Die verschüttete Aufstiegsspur zeigt den Schlenken doch nicht so ungefährlich

Ab den Almen geht es in wenigen Spitzkehren über den Südosthang zum Gipfel.
**Die Abfahrt folgt dem Anstieg.**

**Hinweis:** Der bekannte „Hausberg der Salzburger“ wird in Hinsicht auf die Lawinengefahr unterschätzt. Die Lawine in der Schlenkenrinne kann nicht nur bei Unachtsamkeit von Tourengehern ausgelöst werden, sondern schneidet die Aufstiegsspur zu den Schlenkenalmen in einem meist beträchtlichen Ausmaß (siehe Bild).

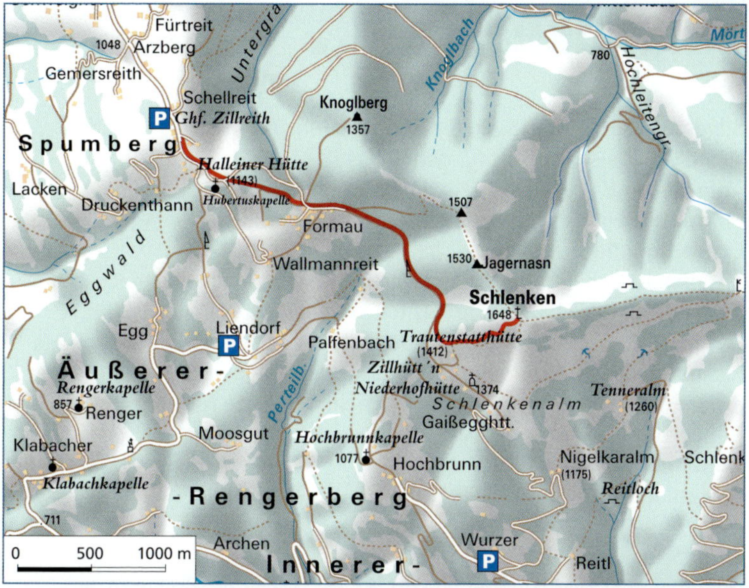
Fürtreit
1048
Arzberg
Gemersreith
Untergra
Knoglbach
Mört
780
Hochleitengr.
Schellreit
P
Ghf. Zillreith
Knoglberg
1357
Spumberg
Halleiner Hütte
(1143)
Lacken
Druckenthann
Hubertuskapelle
1507
Formau
Eggwald
Wallmannreit
1530
Jagernasn
Schlenken
1648
Egg
Liendorf
P
Palfenbach
Trauenstatthütte
(1412)
Äußerer-
Zillhütt'n
Rengerkapelle
Niederhofhütte
1374
Tenneralm
857
Renger
Schlenkenalm
(1260)
Perteilb.
Gaißegghtt.
Moosgut
Hochbrunnkapelle
Klabacher
1077
Hochbrunn
Nigelkaralm
Schlenk
(1175)
Klabachkapelle
Reitloch
-Rengerberg
711
0
500
1000 m
Archen
Wurzer
Innerer-
P
Reitl

# Schlenken 1.648 m ●

Christine Scherer

Über Regnerberg

**Silvestertour!** Wer zu Silvester nicht die Ruhe, sondern Gesellschaft sucht, wählt als Silvestertour den Schlenken.
**Anforderung:** Leicht.
**Charakter:** Einfache Einsteigertour.
**Exposition:** Südwest.
**Anfahrt:** Über die Halleiner Bundesstraße nach Bad Vigaun, nach dem Ortsende an der Abzweigung Richtung Regnerberg/Schlenken, am Gasthaus Broswirt vorbei, nach 700 Metern an der Weggabelung rechts Richtung „innerer Regnerberg", auf dieser Straße bleibend nach 5,5 km die am Straßenrand markierten Parkflächen benutzen.
**Gehzeit:** 2 Stunden.
**Höhenunterschied:** 670 Meter.
**Karten:** Kompass Nr. 17.

## Die Route:

Über das freie Feld oder entlang der Straße bis zur ersten Kehre, am Schranken vorbei dem Hinweisschild Schlenken folgen.
Sowohl über den sanften Anstieg der Forststraße, als auch über die meist gespurte Tourenanstiegsspur durch den Wald erreicht man dasselbe Ziel. Nach dem Waldgürtel über den freien Südwesthang zum Gipfel.
**Abfahrt folgt dem Anstieg.**

Silvesterfeier am Schlenken.

Südwestgrat zum Schlenken.

# Rinnbergalm 1.249 m • Schmalztrager 1.889 m •

Christine Scherer

**Anforderung:** Leicht/Mittel.
**Charakter:** Bis zur Rinnbergalm flacher Anstieg über Forststraße, auch mit dem Schlitten ein beliebtes Winterwanderziel für die ganze Familie.
**Exposition:** Nordwest, Süd.
**Anfahrt:** Über Abtenau oder Annaberg nach Rußbach, im Ortsgebiet unmittelbar nach dem Gemeindeamt links (u. a. Wegweiser „Gamsfeld") ca. 650 Meter bis zum Parkplatz.
**Gehzeit:** 1 Stunde zur Rinnbergalm. Weitere 1,5 bis 2 Stunden auf den Schmalztrager.
**Höhenunterschied:** 380 Meter/1.050 Meter.
**Karten:** f&b WK 392.

## Die Route:

Vom Parkplatz anfangs entlang des Rinnbaches gelangt man auf der Forststraße bleibend direkt auf die Rinnbergalm. Ob man hier als Einsteiger die herrlichen Almböden als Ziel erachtet oder es Trainierte als Etappenziel erklären, die Almen mit dem herrlichen Bergpanorama laden zum Verweilen.
Schmalztrager (bei sicheren Bedingungen.)
Oberhalb der Almen rechts haltend den Almböden entlang bis zur Jagdhütte. Nun den latschenbewachsenen Nordwesthang bis auf den Grat (Siehe Bild). Von hier herrlicher Blick aufs Gamsfeld gegenüber. Die letzten fünf Minuten am besten zu Fuß auf den kreuzfreien Gipfel.

Rinnbergalm.

Auf den Almböden ist am Südosthang die Aufstiegsspur zum Braunedl, 1.894 Meter, erkennbar (siehe Skitourenführer „Meine Spur").
**Abfahrt folgt dem Anstieg.**

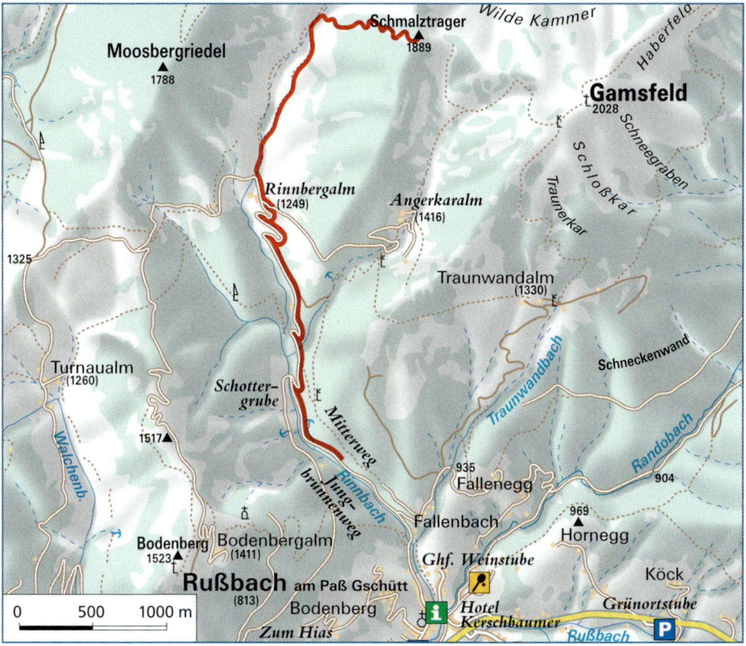


Anstiegsroute auf den Schmalztrager.

# Spielberg 1.428 m ●

Christine Scherer

Pistenfrei

**Anforderung:** Leicht.
**Charakter:** Sichere Anfängertour mit nur flachen Anstiegen.
**Exposition:** Westseite.
**Anfahrt:** Über das Wiestal Richtung Gaissau, kurz vor dem Ort an der Abzweigung „Spielbergstraße“ das Fahrzeug abstellen. Weitere Parkmöglichkeit nach zirka 300 Metern unterhalb des Bauernhofes. Für eine Kurzvariante besteht die Möglichkeit, bis zum Mauthäuschen (Schranken) zu fahren.
**Gehzeit:** 2 Stunden.
**Höhenunterschied:** 660 Meter.
**Karten:** Kompass Nr. 017.

Flacher Anstieg über die Forststraße.

## Die Route:

Vom Parkplatz an der Spielbergstraße ca. 150 m der Straße entlang, danach rechts über die Felder, bald die Straße querend und links der Straße über die breiten und flachen Hänge bis zum Mauthäuschen. Von nun an auf dem Forstweg (Spielbergstraße) bleiben und den Hinweisschildern zur Spielbergalm folgen.
Am Ende der Spielbergstraße vor der Piste linker Hand den Westhang bis zum Gipfelkreuz.
Abfahrt folgt dem Anstieg und ist über die Spielbergstraße und die flachen Felder auch für Anfänger gut fahrbar.

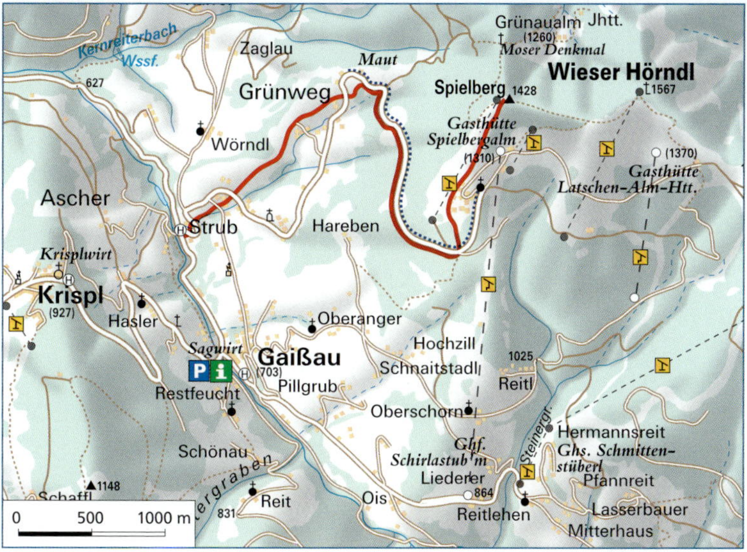
Grünaualm Jhtt.
(1260)
Moser Denkmal
Kernreiterbach
Wssf.
Zaglau
Maut
Wieser Hörndl
1567
Spielberg
1428
627
Grünweg
Gasthütte
Spielbergalm
(1310)
Wörndl
(1370)
Gasthütte
Latschen-Alm-Htt.
Ascher
Strub
Hareben
Krisplwirt
Krispl
(927)
Hasler
Oberanger
Hochzill
Sagwirt
Gaißau
(703)
1025
Schnaitstadl
Pillgrub
Reitl
Restfeucht
Oberschorn
Hermannsreit
Schönau
Ghf.
Schirlastub'm
Ghs. Schmitten-
stüberl
Steinergr.
Pfannreit
Liederer
1148
Schaffl
864
Reit
Ois
Lasserbauer
831
Reitlehen
Mitterhaus
0
500
1000 m

Aufnahme : Martin Promberger.

# Gosaukamm

> Eiskarlschneid
> Hofpürglhütte

# Tennengebirge

> Wetterkreuz Elmaualm

# Eiskarlschneid 1990 m ●

Christa Kramer

Zum schönen Gipfelkreuz

**Anforderung:** Leicht.
**Charakter:** Schöne, beliebte Skitour mit Firn-, oder Pulverschneehängen an der Grenze zwischen Salzburg und Steiermark
**Exposition:** West.
Der erste Teil führt durch ein Waldgelände, der zweite Teil durch ein Almgebiet, der dritte Teil durch einen Lärchenwald, und im oberen Teil sind einige steilere Hänge mit Spitzkehren zu besteigen. Meist gespurt.
**Gehzeit:** Zirka 2,5 bis 3 Stunden.
**Höhenunterschied:** 880 Meter.
**Anreise:** Von Filzmoos kommend Richtung Ramsau am Dachstein – 2 km nach Hachau zum Parkplatz auf 1.115 m bei der Mautstraße Bachlalm.
**Karte:** freytag & berndt WK 281.

## Die Route:

Vom großen Parkplatz aus geht es links die Mautstraße zur Bachlalm durch einen dichten Wald auf einer leicht ansteigenden Forststraße. Hin und wieder kann man ein paar Abkürzungen nehmen, sollte man in Eile sein. Es „zieht" sich, bis sich der Wald lichtet und man die Scharlalm zu Gesicht bekommt. Die berühmte „Bachlalm" steht links versteckt auf einer kleinen Anhöhe.
Wir marschieren geradeaus durch das schöne Almgebiet mit Blick auf den Rötelstein, der links steht, in der Mitte unser Ziel – die Eiskarlschneid, und

Blick zum Gosaukamm mit Bischofsmütze.

an der rechten Hand grüßt das markante Raucheck. Nun geht es durch einen Lärchenwald, der auch der Sommerweg ist, und man betritt den „Schnittlauchmoosboden“, wo auch das untere Windlegerkar beginnt. Da teilt sich der Weg, rechts geht's auf die Windlegerscharte, doch wir zweigen links ab. Jetzt wird es etwas steiler, wir müssen zum Sulzenhals auf 1.827 Metern. Mit einigen Spitzkehren durchsteigen wir eine Rinne. Dann ist das Ziel nicht mehr weit, und man geht einen breiten, leicht ansteigenden Grat entlang, wo uns das Gipfelkreuz auf 1.990 Metern schon erwartet. Die Aussicht hier oben ist grandios. Es grüßen der Roßbrand, die Bischofsmütze, der Torstein und die Windlegerscharte.

Die Abfahrt kann man je nach Schneeverhältnissen wählen, entweder direkt vom Gipfel, etwas links davon, oder die Aufstiegsspur.

**Ein Tipp dazu:** Einkehrschwung in der Dachsteinruhe!

# Hofpürglhütte 1.705 m ●

Christa Kramer

Ein Paradies öffnet sich!

**Anforderung:** Leicht.
**Charakter:** Mit einer längeren Eingehzeit von einer guten Stunde ist zu rechnen, die auf einem Forstweg und einer Langlaufloipe, die mehr als 3 km lang ist, beginnt. Erst danach öffnet sich ein weitläufiger, schöner Almboden, auf dem breite Hänge mit traumhaften Firnbedingungen zu sehen sind, umgeben von einer schönen Bergkulisse.
**Exposition:** West, Süd.
**Beste Zeit:** Frühjahr.
**Anfahrt:** Autobahnausfahrt A10 Eben – Richtung Filzmoos. Etwa fünf Kilometer vor Filzmoos links abbiegen in den Ortsteil Neuberg. Nach der Talstation Schwaigalmlift rechts abbiegen, über eine Brücke hinauf zum Wolflehen. Kleine Parkmöglichkeit! Anfrage beim Bauern.
**Gehzeit:** 2,5 bis 3 Stunden.
**Höhenunterschied:** Zirka 700 Meter.

*Filzmoos – Neuberg, ein Winter- und Sommerparadies für jegliche Sportaktivität. Besonders im Frühjahr ist dieses Gebiet bei denTourengehern sehr beliebt. Einerseits das romantische Almgebiet mit seinen teils uralten Hütten und Heustadln, umgeben von einer beeindruckenden Bergkulisse, wo die höchsten und bekanntesten Berge, die Kleine und die Große Bischofsmütze, stolz und majestätisch thronen, und andererseits die breiten, übersichtlichen Firnhänge, auf denen jeder genug Platz für „seine 1. Spur“ findet.*

## Die Route:

Hätte man Langlaufskier an, würde man auf der ca. 3,5 km langen Langlaufloipe um einiges schneller sein, so braucht man doch fast eine Stunde, die man schon in Kauf nehmen sollte. Eine andere Möglichkeit gibt es über Filzmoos von der Mautstelle aus (Siehe Karte!).

Diese Loipe, die auf einem Forstweg gespurt ist, führt uns durch einen Wald bis zur 1. Kreuzung auf den Marcheggsattel. Bei dieser Kreuzung (Hinweistafeln), biegen wir links ab, und nach ca. 200 m sieht man den weitläufigen Almboden und ganz rechts oben unser Ziel, die Hofpürglhütte, auf 1.705 m. Wir bleiben noch auf dem Forstweg, wo links unten einige alte Almhütten den Weg säumen, und kommen an der Aualm vorbei und zu einer Materialseilbahn. Genau bei dieser Bahn zweigen wir rechts ab und steigen unterhalb der Seilbahn aufwärts.

Ab dem mittleren Teil verlassen wir dann die Seilbahn, halten uns ein bisschen links, immer geradeaus und zwischen vereinzelten Lärchenbäumen hindurch. In diesem Abschnitt sollte man sich ruhig verhalten, da in der Nähe die Ruhezone der Gämsen liegt.

Bevor die steileren Hänge unterhalb der Felsen beginnen, dreht man sich nach rechts auf einen ebenfalls steileren Hang und steigt mit ein paar Kehren zur Hofpürglhütte auf.

Die Alpenvereinshütte ist im Winter nicht bewirtschaftet, aber man findet bestimmt ein Plätzchen an der Hausmauer, wo man es sich gemütlich machen kann, um die Aussicht zu genießen.

**Abfahrt:** Die Abfahrt kann man individuell wählen, indem man sich seine Schwünge selbst aussuchen kann. Bis zur Kreuzung am Marcheggsattel gibt es zahlreiche Hänge, teils Schräglage unterhalb des Weges, die man abfährt. Anschließend geht es wieder auf die Langlaufloipe, auf der genug Platz zum „Zurückskaten“ ist.

# Wetterkreuz Elmaualm

Christa Kramer

Ein Tanz auf dem Boden!

**Anforderung:** Leicht.
**Charakter:** Eine Skitour, die meistens gespurt und doch nicht überlaufen ist. Anfangs zum Eingehen auf einer Langlaufloipe und auf einer Rodelbahn. Erst danach geht es auf mittelsteile Hänge, die durch einige lichte Waldstücke führen. Das letzte Teilstück ist etwas steiler und führt zum sogenannten Tanzboden.
**Exposition:** Nordost, Süd.
**Anfahrt:** Autobahnausfahrt A10 Pfarrwerfen, ca. 6 km nach Werfenweng. Durch den Ort Werfenweng hindurch, links abbiegen in den Wengerwinkl.
**Gehzeit:** 1,5 bis 2 Stunden.
**Höhenunterschied:** ca. 600 Meter

Im Gegensatz zu der Tour auf die Hacklhütte, bei der man rechts abzweigt, weil die Ziele Tauernkogel, Eiskogel oder die Schartwand dort sind, ist die Skitour auf die Elmaualm, die gemütlichere und ruhigere Variante.

## Die Route

Im Wengerwinkl finden wir ausreichende Parkplatzmöglichkeiten. Von dort aus gehen wir links auf die Langlaufloipe zur Gamsblickalm oder parallel den normalen Sommerweg (Hinweistafeln).
Auf einer 1 km langen, kerzengeraden Rodelbahn beginnen wir unseren Anstieg und gehen bis zur Kreuzung, an der die gelben Hinweistafeln stehen.
Wir zweigen links ab über eine Brücke und steigen sodann rechts auf einen mittelsteilen Hang. Rechter Hand liegt ein Graben, der uns vom Sommerweg trennt

und den man immer in Sichtweite hat. Man sollte auch auf der linken Seite bleiben, da es auf der anderen Seite lawinengefährlich ist. In etlichen Kehren, teils durch einen Mischwald und abschnittsweise auf Steilstücken im oberen Teil, kommen wir dem Ziel näher.

Als leichtere, aber dafür längere Variante bietet sich die Forststraße an (Wegweisung auf der Brücke).

Auf einem breiten Rücken steigen wir die letzten Kehren bis zum Kreuz hinauf.

Es öffnet sich ein weitläufiges Almgebiet mit Blick auf unser Ziel. Nach ein paar Metern links haltend erreichen wir die Elmaualm, und ein Weg führt uns ca. 300 Meter, zum Wetterkreuz auf den „Tanzboden".

Ein herrlicher Ausblick in den schönen Pongau und auf die Werfener Hütte am Fuße des Hochthrons im Rücken erwarten dich.

Wenn man möchte, könnte man die Tour noch verlängern, indem man einen mittelsteilen Hang vor der Latschengrenze unterhalb der Werfener Hütte noch in Angriff nimmt.

Die Abfahrt folgt der Aufstiegsspur, oder man wählt die Forststraße.

Rumpel-kammer
Gr.-
Fieberhorn 2276
Kl.-
2152
Trog
2200
2362
Hochthron
Leiter
Steinwand
Teufelskirchl 2218
2321
Eiskogel
2276
1318
Werfener Hütte
(1967)
Rabenloch
Wenger Au
Dr. Heinrich Hackel-Htt.
(1526)
Kalchautal
Kraisten
Tanzboden
Elmaualm
(1513)
Gamsblickalm
(1019)
Wenghofköpfl
1484
Zistelberg
Hirschkogel
1477
Hinterfromm
Wengerau
(961)
Nagelleiten
Bachfeldgraben
Berghof
Oberlehen
Wengerwinkl
Ruhdorf
Pichl
Mayrhof
Freizeitpark Wengsee
Wengsee
Lehen
Lampersbach
Wimm
Werfenweng
(902)
Zaglauwinkel
Hundsdorfalm
(1331)
Steinergraben
Ghf. Straßreith
Barbarahof
0
500
1000 m

# Hagengebirge

> Priesbergalm/Roßfelder
> Nesselangeralm
> Zinkenkogel

# Priesbergalm 1460 m

Christine Scherer

Roßfelder

**In Klammern wird die Erweiterung für konditionell Stärkere angeführt.**
**Anforderung:** Leicht (Mittel).
**Charakter:** Einfache, sichere und meist gespurte Winterwanderung, nochmaliges Auffellen auf dem flachen Rückweg mit kurzen Gegenanstiegen erforderlich. (freier, unbewaldeter Westhang).
**Exposition:** West.
**Anfahrt:** Von Salzburg-Süd kommend über Marktschellenberg, weiter bis Unterau, dort den Abzweiger links auf die Roßfeldstraße nehmen und kurz vor Oberau rechts stets dem Wegweiser Richtung Obersalzberg folgen. Nach 5 km am Kreisverkehr Richtung Hinterbrand. Nach 7 km parkt man am gebührenpflichtigen Parkplatz.
**Gehzeit:** 2 Stunden (3,5 Stunden).
**Höhenunterschied:** 350 Meter (950 Meter).
**Karten:** Kompass Nr. 14.

## Die Route:

Am Ende des Parkplatzes folgt man dem Wegweiser „Priesbergalm". Der meist flache, stets gespurte Höhenweg führt direkt zur Mittelstation der Jennerbahn. Dort quert man zweimal die Piste und folgt dem, geradeausführenden Weg. Bald ist das auf der linken Seite liegende „Dr. Hugo Beck Haus" zu sehen. (Einkehrempfehlung auf dem Rückweg, siehe Einschaltung). Entlang des Westhanges vom Jenner stößt man auf dem kurz steil ansteigenden Weg Stahlhaus, folgt diesem ca. 100 m und zweigt dann

Gratweg auf den Rassfelden.

rechts ab und trifft bald wieder auf den Wegweiser „Priesbergalm“. Nach den flachen Almböden und einem kurzen Anstieg erreichen wir das Ziel, die sonnigen,- südseitig liegenden Bänke der Priesbergalm. 1.500 Meter.
Die Abfahrt folgt dem Anstieg, macht allerdings bei den flachen Gegenanstiegen ein nochmaliges Auffellen erforderlich.
(Jene die sich konditionell noch fit fühlen, haben die Möglichkeit, von hier aus die Erweiterung der Tour auf die Roßfelder zu wählen.
Über die obere Priesbergalm den Westhängen folgend, in Spitzkehren auf freien Hängen steigt man auf bis unterhalb der Felswände. Die freien Hänge lassen bei Pulverschnee den Genuss der Abfahrt erahnen.)

# Nesslangeralm 1.235 m • Christine Scherer

„Loiboidalm"

**Anforderung:** Mittel.
**Charakter:** Anfangs entlang der ehemaligen Kuchler Skipiste teilweise auch steilere Aufstiegsspur, bald Forstweg und sichere Waldstücke.
**Exposition:** Ost.
**Anfahrt:** Von Salzburg kommend vor dem Ortsgebiet Kuchl rechts abzweigen Richtung Gasteig. Gleich nach der Autobahnunterführung ist der Startplatz.
**Gehzeit:** 2 bis 2,5 Stunden.
**Höhenunterschied:** 820 Meter.
**Karten:** Kompass Nr. 15.

Eine Skitour auch bei „Schlechtwetter".

## Die Route:

Rechts der Straße geradewegs auf den freien Feldern der ehemaligen Skipiste bergan, bald auf eine Forststraße treffend. Der meist angelegten Spur abwechselnd durch Waldstücke und freie Felder folgen. Die Orientierung ist durch die zahlreichen roten Markierungen an den Bäumen sehr gut. Den Wald hinter sich lassend, hat man auf der freien Almfläche Sicht auf die einladende Hütte.

**Abfahrt:** In der Senke vor dem kurzen Gegenanstieg links ostwärts auf den Forstweg. Bis zu einer Linkskehre, ca. 50 Meter danach, kurz durch den Wald, kommt man bald wieder auf die Forststraße, bleibt auf dieser, bis man auf die Aufstiegsspur trifft. Von hier folgt die **Abfahrt dem Anstieg.**

Nesslangeralm.

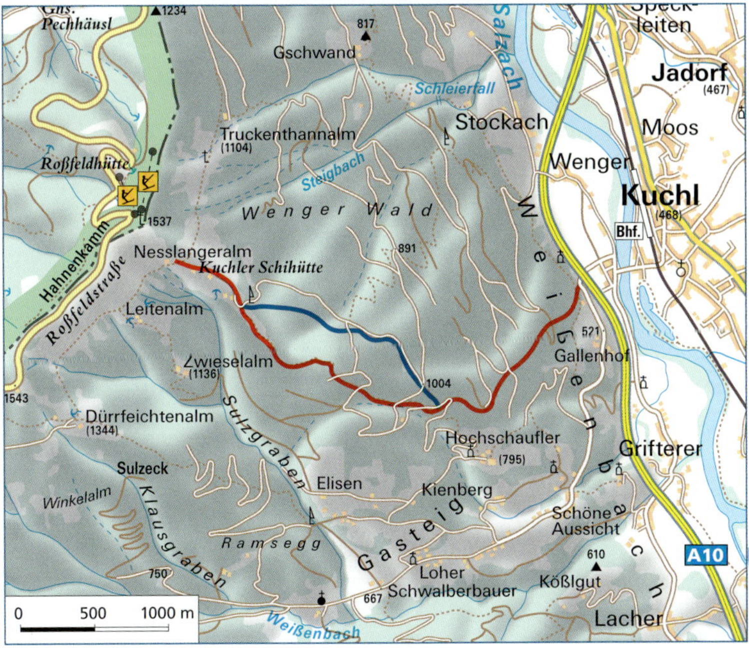

# Zinkenkogel 1.336 m ●

Christine Scherer

Mondscheintour

**Anforderung:** Mittel.
**Charakter:** Sichere Skitour. Diese Tour bildet eine Ausnahme, indem sie teilweise über die Piste führt, jedoch ist dies extra beschildert denn hier sind Tourengeher akzeptiert.
**Exposition:** Ost.
**Beste Zeit:** Vom ersten bis zum letzten Schnee.
**Anfahrt:** Über Hallein oder von Deutschland kommend über die Roßfeldstraße nach Dürrnberg zum Zinkenlift.
**Gehzeit:** 1,5 Stunden.
**Höhenunterschied:** 500 Meter.
**Karten:** Kompaß Nr. 794.

## Die Route:

Ausgehend vom Parkplatz des Zinkenliftes folgt man dem Straßenverlauf bis zur 1. Kurve. Nach dieser links Richtung Süden durch die Waldschneise, danach Richtung Westen über die freien Felder. Nach einem kurzen Steilstück gelangt man auf die Piste, folgt dem Hinweisschild und geht über die flache Pistenumfahrung zum Osthang. Nach dem steileren Anstieg des Osthanges, der flachen Piste entlang zur Bergstation.
**Abfahrt:** Wie Anstieg oder zur Gänze auf der Piste zum Ausgangspunkt.

# Hochkönig

- > Birgkar
- > Hochkeil
- > Hoher First
- > Mitterriedl
- > Schoberofen
- > Wasserofen
- > Vierrinnen

# Birgkar 1.965 m ●

**Erika Scherer**

## Schnuppertour zum Jausnstein

**Anforderung:** Leicht.
**Charakter:** Schöner Weg ins untere Birgkar.
**Anfahrt:** Von Bischofshofen über Mühlbach zum Dientner Sattel, 1,5 km davor/danach zum Parkplatz Birgkar.
**Gehzeit:** 1 Stunde.
**Höhenunterschied:** 645 Meter.
**Karte:** f&b WK 103.

## Die Route:

Erst über die Landesstraße von Mühlbach immer bergan, nach der Straßensenke noch eine Doppelkurve, dann ist rechts unter Fichten der stets geräumte Birgkar-Parkplatz. Von Dienten kommend 1,5 km nach dem Birgkarhaus links. Wegschild: „Matrashaus – Vier Hütten – Erich Hütte“! Gleich am Parkplatz, zwischen Hoch- und Niederwald, geht es absolut flach dahin. Inmitten Stauden und Bäumen sucht man sich den geeignetsten Weg, sowohl hinauf als auch wieder zurück. Ist man aus dem kurzen Waldstück raus, geht man immer Richtung Hochköniggipfel, die höchste Erhebung vor uns. Langsam wird's steiler, auch wenn die nächsten 200 Höhenmeter noch gemächlich sind. Man sieht auch schon den großen Felsstein, unser Ziel, inmitten des Kares liegen. Doch der Weg dorthin zieht sich noch, und der ganze Berg, so scheint es, lehnt sich immer mehr nach vorn. Doch bis zum „Jausnstein“ ist das Kar weit, und die Steilheit des Weges kann selbst bestimmt werden. Und wer dann noch Lust hat und sich traut, vorausgesetzt, die Verhältnisse passen, der kann weiter bergan ziehen und ins steile Birgkar „schnuppern“ (strichlierte rote Linie)!

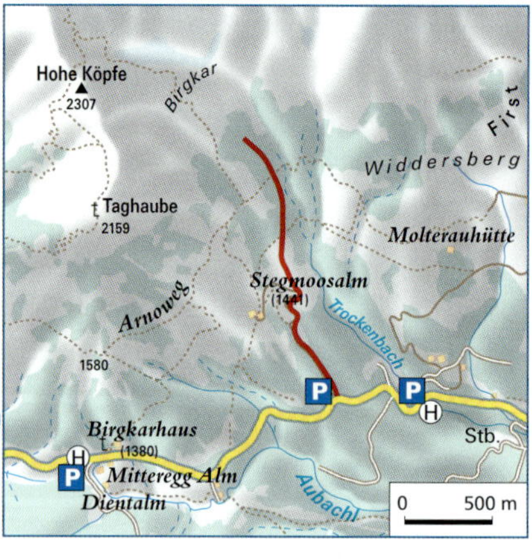


**Abfahrt wie Aufstieg!**

Unsere Route ins Birgkar! Auf der gegenüberliegenden Seite ebenfalls eine schöne Einstiegstour die im Buch „Meine Spur“ beschrieben ist – die Taghaubenscharte.

Die Steilwandabfahrt vom Hochkönig (oder der Aufstieg) über das Birgkar – hier am Bild ab dem Jausnstein gut ersichtlich.

# Hochkeil 1.782 m

Erika Scherer

## Der Bischofshofener Skiberg

**Anforderung:** Skitechnisch leicht, doch Kondition erforderlich.
**Charakter:** Endloser Aufstieg mit Weg- und Pistenabfahrt über Knappensteig und Bürglhöh.
**Exposition:** Südost.
**Anfahrt:** Von Salzburg kommend die Abfahrt Werfen nehmen, weiter bis Bischofshofen und hier am Ortsanfang der alten Bundesstraße (rechts, zwischen VW-Vierthaler und dem Feuerwehrhaus) ins Zentrum bis zum Hotel Post folgen. Hier erneut rechts, gleich hinterm Haus links und folgend dem Hügel hinauf zum Parkplatz am Friedhof (unweit der Schanze).
**Gehzeit:** Fast 4 Stunden.
**Höhenunterschied:** 1.216 Meter .
**Karte:** f&b WK 103.

## Die Route:

Gleich vom Parkplatz das weite Feld mit der Langlaufloipe querend dem Wald zusteuern. Hier dem präparierten Skiweg mit der Markierung „Arthurhaus" folgen. Dieser zieht sich folgend die gesamte Strecke, erst über freie Wiesen, dann durch Wald und Hain und schließlich über die herrlichen Hänge unseres Zielberges. Zwischen den Wegschleifen trifft man oft auf Abkürzungen, die ebenfalls häufig genommen und daher – wenn gewollt - nie zu verfehlen sind. Anschließend an das Kalten Bründl teilt sich der Weg: will man auf den Gipfel, den linken, bergseitigen Spuren folgen; der flache Weg rechts führt zum Arthurhaus (45 Minuten).
Der beliebte Skiberg der Bischofshofener wird viel begangen, Skiwege und Markierungen sind bestens gewartet, daher für alle Toureneinsteiger ein

Am Hochkeil (Aufnhame: Christa Kramer).

Blick von den Vierrinnen zum Hochkeil.

Eldorado. Und bei wem die Ausdauer für die gesamte Strecke nicht reicht, der geht halt bis zum Kalten Bründl.

**Abfahrt:** Über die meist pulverigen Nordhänge des Gipfels oder - einfacher - über die Piste bis zum Knappenweg und diesem folgen. Markierung „Bischofshofen über Haidberg“ und Weg sind nicht zu verfehlen.

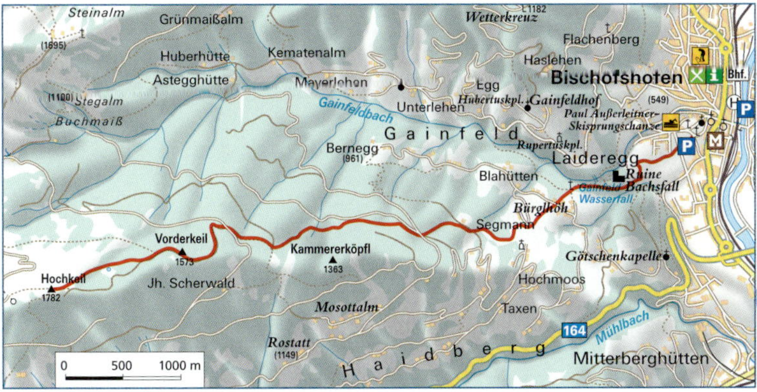

# Hoher First 1.770 m ●

Erika Scherer

Bis zur Wetterwand

**Anforderung:** Leicht.
**Charakter:** Über Feld-, Hain-, Alm- und Bergwiesen.
**Exposition:** Süd.
**Anfahrt:** Von Mühlbach 3 Kilometer Richtung Dienten, oberhalb der Straße steht einsam der Bauernhof Elmau (oder von Dienten zum Dientner Sattel und noch weitere 2 km talwärts). Parken kann man direkt beim Elmau-Bauern. Er hat für Tourengeher geräumt und freut sich auf den Besuch.
**Gehzeit:** 1,5 Stunden.
**Höhenunterschied:** 620 m.
**Karte:** f&b WK 103.

## Die Route:

Gleich hinter dem Hof, der auf 1.150 Metern, liegt, über das freie Feld zum rechten Zaun. Es folgt eine von Büschen durchsetzte Bergwiese, hier den Hang bergwärts, bei der lichten Stelle zwischen dem angrenzenden Fichtenwäldchen hindurch und in einem großen Linksbogen zu den Almen, die, kaum ist man aus dem kurzen Waldstück heraus, vor uns liegen.
Im Nordwesten taucht der markante Kummetstein auf, und unser Ziel am Wandfuß ist ebenfalls sichtbar. Flach führt nun der Weg linker Hand

Wie alt mag die Buche wohl sein und wie viele Tourengeher ob ihrer Schönheit gestaunt haben?

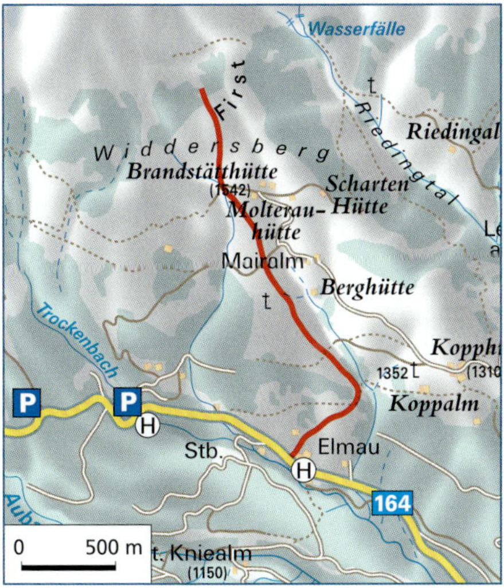


an den Almhütten vorbei, erst am Schuttkegel, den einstiger Felsabbruch, wird es steiler. Darüber in flachen Serpentinen, einmal ostwärts, eine Spitzkehre, einmal westwärts, eine Spitzkehre, oder lieber doch Grätschschritte? Platz genug ist. Hinauf geht's bis zur Spitze des herrlichen langen Kegels am Fuß der Wetterwand, an dessen Spitze wir auf einem Stein uns wie am Königsthron fühlen. Dazu die Aussicht!!!

**Abfahrt wie Aufstieg!**

# Mitterriedl 1.970 m ●

Erika Scherer

Zum Fuß des mächtigen Bratschenkopfes

**Anforderung:** Leicht.
**Charakter:** Über einen langen Riedl zum Fels.
**Beste Zeit:** Frühwinter bis Ende März.
**Anfahrt:** Von Dienten oder Bischofshofen über Mühlbach zum Dientner Sattel; 1,8 km davor/danach parken.
**Gehzeit:** 2 Stunden.
**Höhenunterschied:** 700 m.
**Karte:** f&b WK 103.

## Die Route:

Erst über die Landesstraße von Mühlbach immer bergan, bis man zur Straßensenke (1.270 m) kommt, hier ist auch ein Schranken, der bei Lawinengefahr geschlossen wird. Hier zweigt bergseitig der Sommerweg „Vier Hütten, Erich Hütte, Riedingalm" ab. Von Dienten zum Dientner Sattel, da nach 1,8 km. Parken am Rande der Bushaltestelle
Dem Sommerweg folgen, nach etwa 500 Metern steht an einem freien Platz ein verlassenes Heeresgebäude, weiter den flachen Waldgraben hinein. Bald trifft man auf ein offenes Eisentor, hindurch, und schon gelangt man auf die freien unteren Almwiesen. Der lange Rücken des Mitterriedls liegt vor uns! Wir gehen rechts den Almweg weiter in das kleine Wäldchen. Darin den flachen Almweg verlassen und aufwärts ziehen. Gleich erreicht

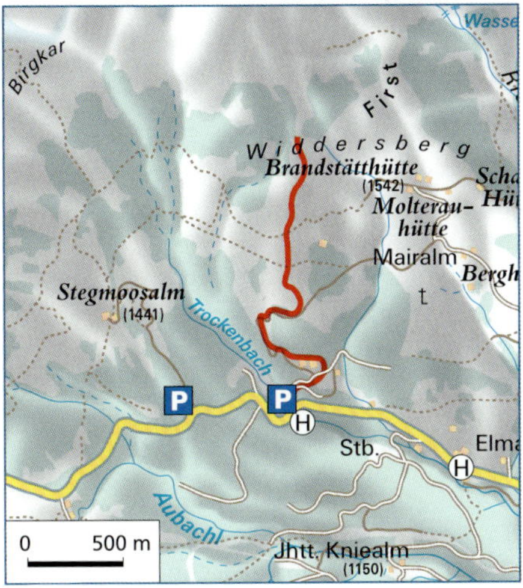


man einen breiten Hang und spurt beliebig, am besten nicht zu steil, hoch und höher. Nach einer Stunde Gehzeit sieht man links die Stegmoosalm, rechts die Vier Hütten und, quasi: ober uns, das mächtige Hochönigmassiv, und erreicht bald das letzte Drittel, den von einigen Latschen durchzogenen Berghang. Wir gehen bis zum Fuß des 2.857 Meter hohen Großen Bratschenkopfes!

**Abfahrt wie Aufstieg!**

Bis zum Fuße des 2.857 Meter Großen Bratschenkopfes führt der Weg über den sogenannten Mitterriedl. Links der 2.941 Meter hohe Hochkönig.

# Schoberofen 1.960 m

Erika Scherer

Übern Brandholzriedl ●

**Anforderung:** Leicht/Mittel.
**Charakter:** Panoramatour unter der Mandlwand.
**Exposition:** Süd.
**Anfahrt:** Von Bischofshofen nach Mühlbach und am Ortsanfang rechts Richtung Arthurhaus abzweigen. Fünf Kilometer die Mandlwandstraße hinauf bis zum Schlepplift Grießfeld. Am Liftparkplatz rechts der Straße parken.
**Gehzeit:** 2 Stunden.
**Höhenunterschied:** 660 m.
**Karte:** f&b WK 103.

## Die Route:

Die Piste direkt unterhalb der Liftstation queren und zwischen den Bäumen auf das nächste freie Feld. Hier geht's fast eben bis zum Weg. Nun links gehen und nach etwa 50 Metern bergseitig aufwärts. Schon ist man am Fuß des langen und anfangs ungemein breiten Hanges und kann beliebig eine Spur wählen. Erst finden sich noch einige Fichten, dann nur mehr wenige Latschen neben Steinen, die von einem Felssturz stammen. Brandholzriedl heißt der Rücken unter den Einheimischen (Alter Riedling die Bezeichnung in der Karte), der, je höher man hinaufkommt, umso schmäler wird. Unser Ziel ist der von weitem sichtbare Fels inmitten des Schneefeldes, hierorts „Schoberofen" genannt. Bis dahin ist der Hang noch breit und nicht steil, hier sind Aufstieg wie Abfahrt ein Zuckerschlecken! Wer zum Wandfuß möchte, dem steht noch ein steiler und immer enger werdender, etwa zwanzigminütiger Anstieg bevor, den man nur bei sicheren Verhältnissen angehen sollte.

**Abfahrt wie Aufstieg!**

„Schoberofen", so heißt der mächtige Fels bei den Einheimischen, die Route dahin ist simpel.

# Wasserofen 1.850 m

Erika Scherer

Eine Höhlentor in Dienten ●

**Anforderung:** Leicht.
**Charakter:** Unbekannte Erlebnistour.
**Beste Zeit:** Winter- und herrliche Firntour.
**Exposition:** Südost.
**Anfahrt:** Von Dienten oder Mühlbach zum Dientner Sattel. Auf der Dientener Seite, knapp einen Kilometer vor (von Mühbach kommend nach) dem Birgkarhaus, ist ein geräumter Parkplatz für das Auto.
**Gehzeit:** 1,75 Stunden.
**Höhenunterschied:** 500 Meter.
**Karte:** f&b WK 103, Kompass 30.

## Die Route:

Vom Parkplatz führt der beschilderte Weg zur Erich Hütte (1.546 m), der bis dorthin so gut wie immer gespurt ist. Den Weg bis zur Hütte gehen! Kaum zu glauben, dass man bei diesem flachen Anstieg doch 200 Höhenmeter macht. Hier oben sieht man bergwärts viele Spuren, die zur Taghaubenscharte führen (Tour im Buch: „Meine Spur“, Seite 118). Wir queren diesen breiten Hang, gehen – quasi hinter der Hütte – dem von weitem sichtbaren Weißkar zu. Flach führt der Weg zum kleinen, losen

Lärchenwäldchen. Inmitten der Bäume durch, erst ein wenig bergab, kommen wir in einen weiten Graben. Hier zwischen mächtigen Felsen, Schuttmoränen und Latschen bergwärts. Schon bald tut sich das breite Feld des Wasserofenbodens auf. Gemächlich geht's dahin, und erst im letzten Teil gewinnen wir einige Höhenmeter. Ein vorgelagerter Fels trennt das obere Weißkar vom

Wasserofenboden und Weißkar mit dem 2.846 Meter hohen Lammkopf (ganz links) und dem klotzigen 2.772 Meter hohen Kummetstein. (Rechts die Abfahrtsspur von oben.)

Blick in die Höhle, in der die Dientnerache entspringt.

Wasserofenboden, lässt aber eine Rinne für die Profis unter uns für den weiteren Anstieg frei. Bevor wir „unversehens“ ins Weißkar gelangen, folgen wir dem Murmeln und Gurgeln einer Quelle. Diese entspringt in der großen, von außen recht unscheinbaren Höhle, dem Wasserofen.
**Abfahrt wie Aufstieg!**

# Vierrinnen 2.000 m

Erika Scherer

## Über die breite Sonnseitleiten

**Anforderung:** Leicht/Mittel.
**Charakter:** Imposante Aussichtstour ohne Schwierigkeiten.
**Exposition:** Süd.
**Anfahrt:** Von Bischofshofen nach Mühlbach und am Ortsanfang rechts Richtung Arthurhaus abzweigen. Sieben Kilometer die Mandlwandstraße hinauf bis zum Arthurhaus (1.500 Meter). Gratis Parkplatz oberhalb des Arthurhauses oder 100 Meter vorher, beim Rosswieslift.
**Gehzeit:** 1,5 Stunden.
**Höhenunterschied:** 500 Meter.
**Karte:** f&b WK 103.

## Die Route:

Vom Parkplatz den markierten Weg Richtung Mitterfeld Alm, dabei den Schlepplift oberhalb umgehen. Nach dem kurzen Waldstück folgt ein Graben, von da etwa noch 50 Meter am Weg bleiben und bei der folgenden Außenkurve diesen bergwärts verlassen. „Kaserfeld" heißt der breite Rücken, über den man eine beliebige Spur zieht. Und immer sichtbar sind die vier Schneerinnen der gleichnamigen Köpfe. Bis in eine Höhe von 2.000 Metern ist der Hang mäßig steil mit viel, viel Platz für Aufstieg und Abfahrt. Wie weit die Tour gehen soll, ist jedem selbst überlassen, sicherlich finden sich genügend Rastplätzchen mit herrlicher Aussicht zu den Hohen Tauern mit Hohem Sonnblick, Wiesbachhorn, Großglockner, ...; Tennengebirge – Hochthron, Großes Fieberhorn, Raucheck, ...; Dachstein – Bischofsmütze u. a. ...

**Abfahrt wie Aufstieg!**

Aufstieg wie Abfahrt.

# Steinernes Meer

> Brimbachkögerl

# Loferer Steinberge

> Sodervoken / Schwarzeck

# Kitzbüheler Alpen

> Spielbergalmen

# Brimbachkögerl 1.310 m ●

Edith Royer

**Anforderung:** Leicht.
**Charakter:** Schöne Eingehtour oder immer wieder für Zwischendurch. Mittelsteile, kurze Hänge, die ab der Brimbachalm bei schlechten Schneeverhältnissen auch auf dem Almweg umfahren werden können. Eine romantische Waldlichtung bildet das Gipfelplateau nahe der Südwände des Steinernen Meeres.
**Exposition:** Südhang – oberhalb der Brimbachalm Westsüdwest.
**Anfahrt:** B 164, Abzweigung Maria Alm, durch den Ort Richtung Kallerwinkel. Vorbei am Gasthaus „Waldhaus" bis zur Abzweigung Primbachweg. Diesem rechts bergauf bis zum Primbachbauern folgen. Hier scharf nach links abbiegen – Wegweiser Primbach 12 – und das Auto parken (900 m).
**Gehzeit:** 1,5 Stunden.
**Höhenunterschied:** 410 m.
**Karte:** Kompass 30.

## Die Route:

Über die vor uns liegende Wiese, die Langlaufloipe und den Almweg querend, zum immer steiler werdenden Almwiesenhang. Über diesen in eigener Spur oder entlang des Almweges hinauf zur Brimbachalm., die auf 1.150 Metern liegt. Ein herrlicher Platz zum Rasten! Die Gipfelstürmer ziehen weiter, immer rechter Hand dem Waldrand folgend, ihre Spur hinauf zur Waldlichtung des Brimbachkögerls. (Wegweiser mit Taferl „Brimbachkögerl" 1.310 m.)

**Abfahrt wie Anstieg.**

Anm.d.Red.: Die Schreibweise „Brimbach/Primbach" variiert zwischen den verschiedenen Karten und Hinweisschildern.

Die Abfahrt führt an der Brimbachalm vorbei.
Im Hintergrund Saalfelden mit Birnhorn, 2.634 Meter.

Die Brimbachalm. Im Hintergrund die schneebedeckte Sausteige und rechts der Biberg.

# Sodervoken 1.030 m

Christine Scherer

## Schwarzeck 1.565 m

**Anforderung:** Leicht (Mittel).
**Charakter:** Bis zur Sodervoken-Alm nur kurze Waldpassage, nach dem Steigbrückl Forststraße. Der weitere Anstieg aufs Schwarzeck führt nochmals kurz über einen schmalen Sommerweg, danach einfacher Anstieg bis zum Gipfel. Pistenabfahrt nur vom Schwarzeck!
**Exposition:** Süd, Ost.
**Anfahrt:** Auf der Loferer Bundesstraße nach Lofer, hier zu den Loferer Bergbahnen, an der Talstation vorbei (Richtung Faistau) und nach 500 Metern rechts Richtung Gasthof Krepper. Bereits vor dem Gasthof, auf einer längeren Geraden, befinden sich rechts der Straße Parkplätze.
**Gehzeit:** 1,5 Stunden (3 Stunden).
**Höhenunterschied:** 350 Meter (885 Meter).
**Karten:** Kompass Nr. 14.

## Die Route:

Der Straße folgend bis zum Gasthaus Krepper, weiter die flache Forststraße in die Wimbachschlucht. Am Ende der Forststraße links in die schmale Waldschneise, hinauf bis zum Steigbrückl. Der schmale Steig gibt abenteuerliche Blicke in die Schlucht frei! Folgend kommt man wieder auf eine Forststraße. Dieser entlang bis zur Sodervoken-Alm, die rechter Hand (ostseitig) auf der Wiese liegt.
**Schwarzeck:** (Der Weg zum Schwarzeck ist nur für Geübte!) Den Weg geradeaus bis zur Weggabelung, hier links, Richtung Bimalm/Loferer Alm bis ans Ende der Forststraße. Über das Bächlein den schmalen Sommerweg kurz durch den Wald (schwierig), auf einem freien Feld hinauf bis zur Senke. Am Bergkamm sind bereits die Schwarzeckalmen zu erkennen. Nun den Boden entlang, vorbei an der Bimalm und vor den Skipisten und Liften rechts den Südhang zum Gipfel.

**Abfahrt:** Von Sodervoken wie Anstieg. (Vom Schwarzeck über die Piste zur Talstation der Loferer Bergbahnen. Bis zum Auto etwa einen Kilometer Rückmarsch.)

Nordanstieg auf das Schwarzeck.

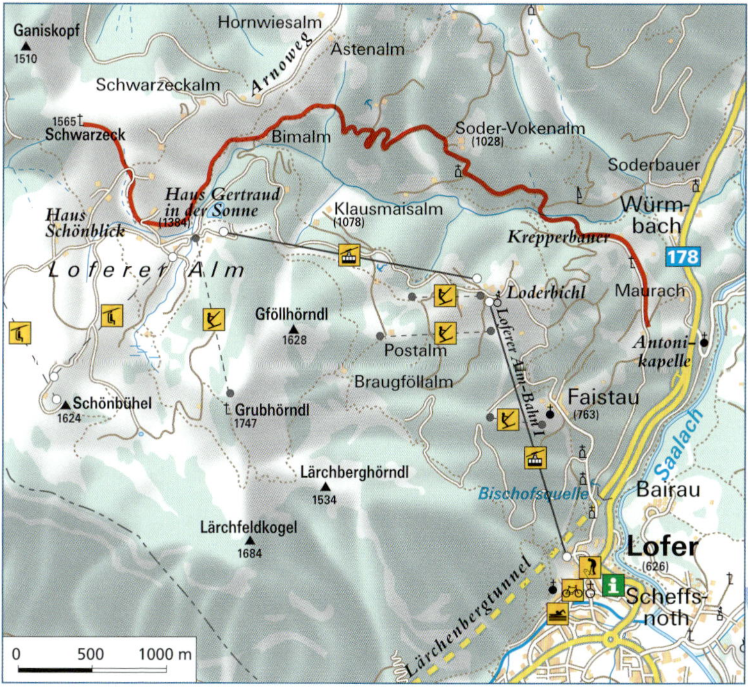

# Spielbergalmen 1.540 m

Edith Royer

**Anforderung:** Leicht (Mittel).

**Charakter:** Der Almweg führt uns in gleichmäßiger Steigung bis fast ans Ende des romantischen Talschlusses. Wer ruhige, einfache Anstiege liebt und nicht unbedingt auf lange Abfahrten erpicht ist, wird diese Tour genießen.

In den wildromantischen Südabstürzen des Spielberghorns tummeln sich meist Gämsen, die vom Aussichtspunkt oberhalb der Almen gut beobachtet werden können. Richtung Osten blicken wir über das Schwarzleotal hinüber zum Steinernen Meer und zu, Hochkönigmassiv – sowie ingeringerer Entfernungn zum Leoganger Asitz-Skigebiet.

**Exposition:** Süd.

**Anfahrt:** B 164 von Saalfelden über Leogang kommend, nach dem Ortsteil Hütten links ins Schwarzleotal abzweigen. Hinweisschilder Schwarzleo/ Schaubergwerk. Die winterliche Fahrbahn (ab der Abzweigung Forsthofalm wegen der Pferdeschlittenfahrten keine Splittstreuung) erfordert gute Winterbereifung. Nach 3,1 km erreichen wir den Parkplatz (1.024 m) vor der Jausenstation „Knappenstube Unterberghaus".

**Gehzeit:** Obwohl bis zu den Spielbergalmen nur gut 500 Höhenmeter zu überwinden sind, ist aufgrund des langgezogenen Anstieges mit 1 Stunde 50 Minuten Gehzeit zu rechnen.

**Höhenunterschied:** 516 Meter.

**Karten:** Kompass Nr. 30.

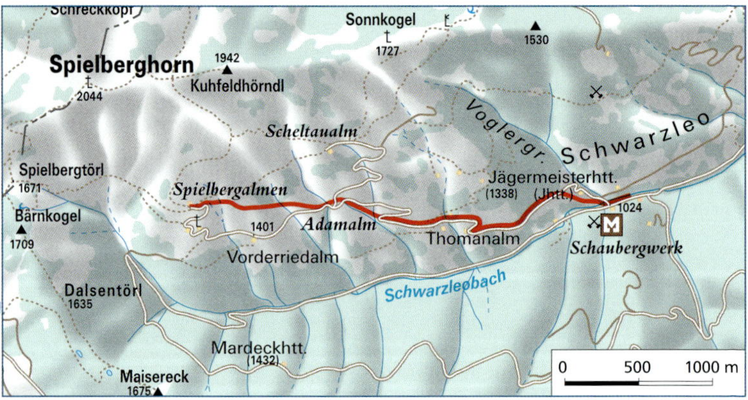

Das weitläufige Gelände unterhalb der Spielbergalmen.

## Die Route:

Nach der Knappenstube rechts über die Brücke dem Almweg Richtung Spielbergalmen folgen. Vorbei an der Hundalm und Abzweigung Thomanalm wird die Adamalm (1.390 m) erreicht. Links an der Adamalm vorbei, verlassen wir bald darauf den Weg und steigen rechter Hand dem Waldrand entlang über die darauffolgenden Almhänge zu den Spielbergalmen (1.540 m).

Die Südhänge oberhalb der Hütten laden zum Höhersteigen (ca. 15 min) ein. Eine Geländekuppe mit Wegweiser erweist sich als grandioser Aussichtspunkt, und es sind fast 100 zusätzliche Höhenmeter für die Abfahrt gewonnen.

**Die Abfahrt:** über freie Hänge bis unterhalb der Adamalm ist mit ca. 200 hm (300 hm vom Aussichtspunkt) eher kurz. Dennoch eine lohnende Tour.

# Pinzgauer Grasberge

> Bründlingkopf
> Grünköpfl
> Hoferplattl
> Marbachhöhe von Dienten
> Marbachhöhe von Hintermoos
> Sommerer Alm
> Wastlhöhe

# Bründlingkopf 1.746 m

Erika Scherer

## Über Dacheben zur Langen Schneid

**Anforderung:** Leicht oder Mittel, je nach Aufstieg bzw. Abfahrt.
**Charakter:** Durch Felder und Wälder.
**Anfahrt:** Von Bischofshofen, Lend oder Saalfelden, 2,5 km nach/vor Dienten, rechts der Ache, Abzweiger: Güterweg Dacheben. **Achtung:** Parken bitte am Abzweiger (Parkmöglichkeit), da die Zuffahrt zum Ausgangspunkt meist vereist und sehr rutschig ist. Aufstieg und Abfahrt an der nicht gestreuten Straße möglich.
**Gehzeit:** Knapp 2 Stunden.
**Höhenunterschied:** 696 Meter.
**Karte:** f&b WK 103, ÖK.

## Die Route:

Den Güterweg Dacheben bergwärts bis sich der Weg gabelt. Linken Weg Richtung Dacheben-Bauer gehen. Nach fünf Gehminuten steht der Wegweiser: „Klingspitz – Reicheralm – Hochkaseralm“. Nun muss man sich entscheiden: Folgt man dem Wegweiser und nimmt den Almweg, so

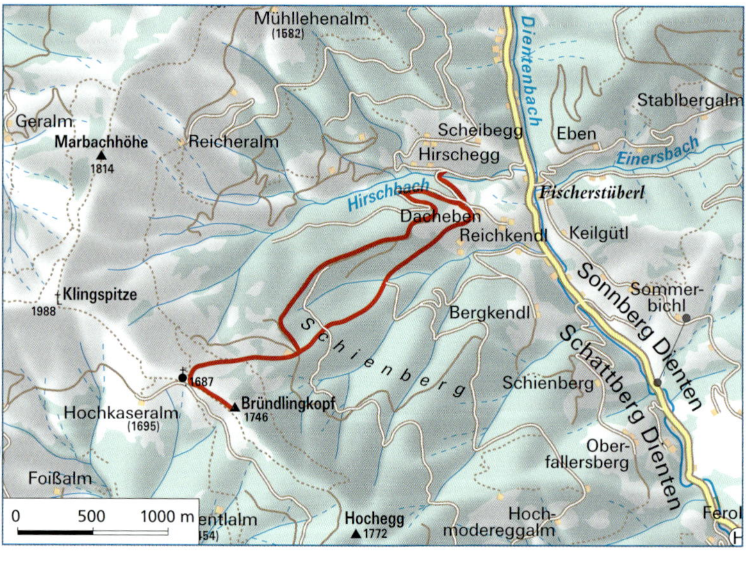

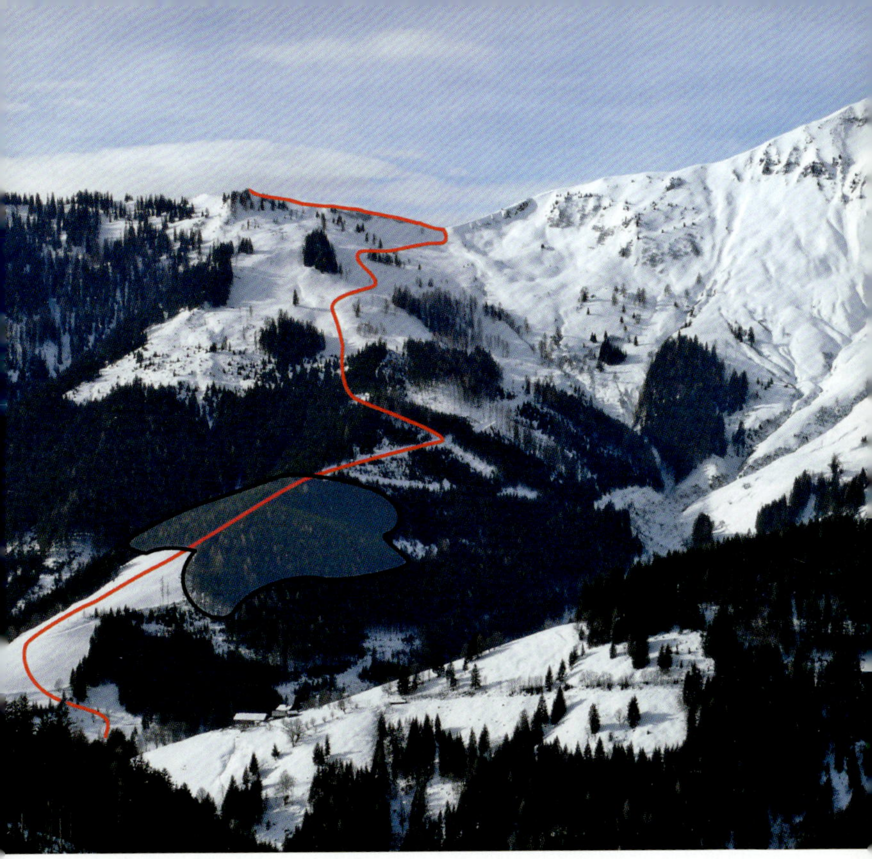

Aufstieg zum Bründlingkopf. Das markierte untere Waldstück wurde im Sommer 2011 abgeholzt, für Skitourengeher ist der Bereich begehbar.

führt uns dieser in langen Schleifen bergan. Geht man den kürzeren Weg, hat man sich automatisch für den steileren entschieden. Dieser führt etwa 50 Meter nach dem Wegweiser über dem Hain die freie Wiese zum Wald. Hier den rot-weiß-rot markierten Waldweg folgen. Nach einiger Zeit treffen wir den Almweg, der führt schräg am Hang entlang, doch wir gehen weiter beständig bergan, und nach etwa einer Stunde, bevor sich eine kleine Lichtung auftut (ein Hochstand steht hier), hat man den halben Weg hinter und das Ziel, den langen Grat und links den Gipfel, sichtbar vor sich. Nach einem kurzen Waldstück trifft man den langen, weißen Berghang – ein

Blick vom Gipfelgrat zur Kapelle und dem dahinter liegenden 1.988 Meter hohen Klingspitz.

neues Jagahütterl steht an seinem Fuß – und der Almweg kreuzt hier zum zweiten Mal. Über den breiten, langen Schlag die Spur ziehen, dann rechts haltend in das obere Kar, in weitem Bogen am Hang entlang bis zur Kapelle, die weit sichtbar am Grat steht.
Bei der Kapelle – dem Himmel sei Dank – links am Rücken dahin, etwa 10 Gehminuten, bis zum unscheinbaren Gipfeleck des Bründlingkopfs auf 1.746 Metern. Gegenüber ragt der Klingspitz auf, der mit seinen knapp 2.000 Metern (ab der Kapelle etwa 45 Minuten Gehzeit) unser Ziel für nächstes Jahr sein kann ...
**Abfahrt:** Gleich vom Gipfel oder Gipfelgrat den aufgelockerten Waldhang und den freien Schlag bis zum Jagahütterl. Ist sehr viel Schnee oder sind Schneeverwehungen, dann zur Kapelle zurück und der Aufstiegsspur folgen. Am Fuße des langen Hanges durch den lichten Hochwald, bis der Almweg kreuzt. Hier entweder am Almweg – SCHUSS - oder durch den markierten Waldweg (= Aufstiegsspur) hinunter bis zum Auto ZICKI-ZACKI!

# Grünköpfl 1.709 m •

Erika Scherer

Ski- und Schlittentour

**Anforderung:** Leicht
**Charakter:** Über Weg und Almwiesen
**Anfahrt:** Von Bischofshofen, Lend oder Saalfelden nach Dienten
**Gehzeit:** 1 Stunde.
**Höhenunterschied:** 560 Metern.
**Karte:** f&b WK 103.

## Die Route:

Vom Parkplatz bis zur Jausenstation Grünegg (30 Minuten) gehen. Das Gehöft schon sichtbar kann man über die Wiese abkürzen. Nach dem Bauernhof weiter, bis der Weg sich gabelt. Hier links, den Graben überqueren und nach etwa 50 Metern durch den lockeren Hochwald den Berghang hinauf. Bald erreicht man ein langes Mais, danach folgt erneut ein Waldstück. Zwischen den Bäumen ist genügend Platz, sowohl für die individuelle Aufstiegsspur als auch zur Abfahrt. Die Route nicht zu nah am Graben wählen! Hat man das Waldstück hinter sich, kommt wieder ein freier Hang. Gleich sind die Lettenalm, die rechts in der Senke liegt, und oberhalb das Grünköpfl sichtbar. Den freien Hang erst noch bergan, sodann das Köpfl über den linken Rücken anpeilen. Dabei müssen wir erneut in den oberen Bergwald und durchqueren diesen in südlicher Richtung, gehen von hier aus quasi auf die Rückseite des Bergerls. Dann liegt die Mühllehen Alm vor uns, ebenso die letzten Gipfelmeter dieses einsamen Köpfls. Und wer noch ein paar Höhenmeter machen will, der kann auf die Marbach Höhe oder gar bis zum Klingspitz weitergehen. **Abfahrt wie Aufstieg!**

Der alte Bauernhof Grünegg. Besonderheit: Der ausgezeichnete Schnaps!

Der obere Teil der Route zum Grünköpfl.

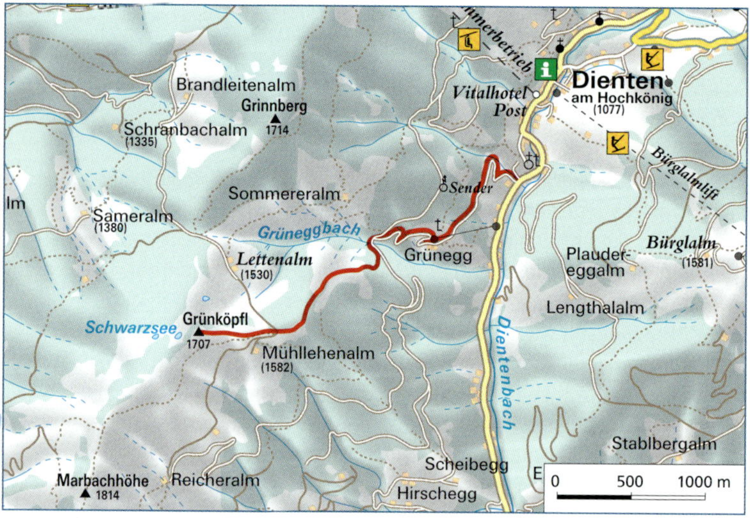

# Hoferplattl 1.380 m ●

Edith Royer

Aussichtsreiche Almtour

**Anforderung:** Mittel.
**Charakter:** Stark kupiertes, mittelsteiles Almgelände. Es werden schnell Höhenmeter gemacht.
**Beste Zeit:** So bald und so lange Schnee liegt.
**Exposition:** Ost.
**Anfahrt:** B 164 von Saalfelden kommend, Abfahrt Unterberg/Jetzbach. Die Straße am Jetzbach entlang bis zur Abzweigung „Hinterjetzbachhof". Hier, auf 888 Metern, befindet sich ein Parkplatz.
**Gehzeit:** 1 Stunde/30 Minuten.
**Höhenunterschied:** 490 Meter.
**Karte:** Kompass 30.

## Die Route:

Der Forststraße bis zur Brücke folgen. Nach der Brücke rechts ansteigend über das Almgelände, vorbei an den Almhütten. Nach einer guten halben Stunde wird ein Almweg erreicht. Diesen mehrmals querend rechts vorbei an der Hinterjetzbachhütte (am Hirschgeweih über der Eingangstür zu erkennen).

Hier folgt ein kurzes flaches Stück. Am Waldrand mündet die Spur wieder in den Almweg. Diesen entlang, bis sich das Gelände wieder weitet und über steiler werdendes Gelände zwischen den zwei höchstgelegenen Almhütten höher steigen.

Ein gutes Stück weiter dreht die Spur in eine lange Querung – hier halten wir uns rechts und spuren bis zum Waldrand hinauf. Dort lädt ein Viehunterstand zum Rasten ein. Hier oben, mit herrlichem Ausblick zum Steinernen Meer, zum Skigebiet Hochkönig und ins Urslautal, schmeckt die Jause doppelt gut. Die lange Querung links des Waldrandes entlang führt zum Brunnkopf.

**Abfahrt wie Aufstieg!**

Die letzten Höhenmeter zum Hoferplattl. Links die Oberstegalm.

# Marbachhöhe 1.814 m •

Erika Scherer

Über lauter freie Almböden

**Anforderung:** Leicht.
**Charakter:** Schöne Almtour im schneereichen Bergkessel .
**Beste Zeit:** Frühwinter bis Ende März.
**Anfahrt:** Von Bischofshofen, Lend oder Saalfelden nach
Dienten, 2,5 km nach/vor Dienten, rechts der Ache, Abzweiger: Güterweg Dacheben.
**Gehzeit:** 2 Stunden.
**Höhenunterschied:** 764 Meter.
**Karte:** f&b WK 103.

## Die Route:

Den Güterweg Dacheben bergwärts, bei der folgenden Weggabelung entweder parken oder rechts weiter, nach etwa 500 Metern am Wegrand stehen bleiben. Beim Wegweiser (und Schranken) führt der Almweg zur Deutingalm, die auf 1.163 Metern liegt. Dem Weg folgen, über die Wiesen

Über die Deutingalm (am Bild nicht mehr drauf) zur Reicheralm und weiter auf den Kammrücken, die Marbachhöhe.

zur Alm, hier auf die bergseitige Wiese, bald kommt ein kleiner Graben, dann bis zum großen Grabeneinschnitt weiter. Denselben überqueren, der folgende Hang ist das einzige – aber nur kurze – Steilstück. Wir queren schräg, vom Bacherl nach links, auf den Hügel. Hier stoßen wir auf einen Ziehweg, folgen diesem, gehen unterhalb des Waldhanges entlang, oberhalb tut sich jetzt ein Steilhang auf, an dessen Ende geht's über die mäßig steilen Almhügel zur Reicheralm. Von da ist's ja nicht mehr weit – weit und breit ist nur der restliche Hang. Und irgendwo am weit sichtbaren Gipfelgrat richtet man sich ein lauschiges Plätzchen.
**Abfahrt:** Vom Grat bis zum unteren Hangende der Reicheralm folgt die Abfahrtsspur etwa der des Aufstiegs. Am Hangfuß fahren wir, im 9Winkel von 90 Grad zur Aufstiegsspur, einfach weiter talwärts bis fast an das Ende dieses langen Schlages. Wir müssen links den Graben queren – steil geht's unterm Gebüsch auf die andere Seite, meistens sieht man Restspuren – und weiter über die Felder der Deutingalm zum Ende dieser herrlichen Tour.

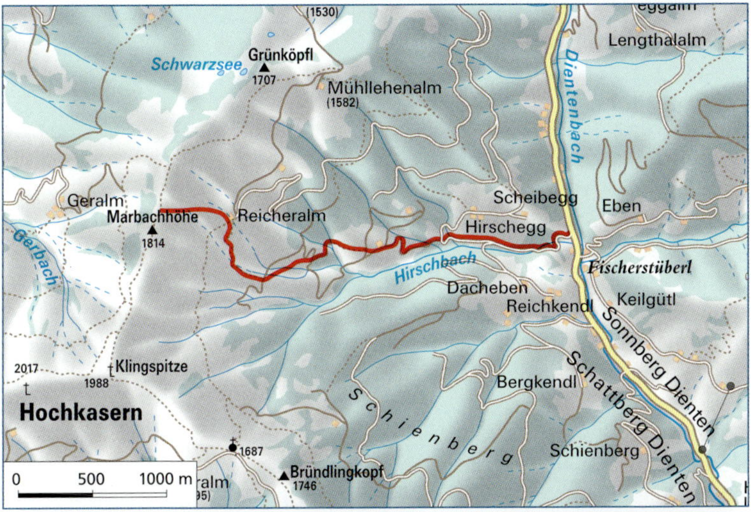
(1530)
Lengthalalm
Schwarzsee
Grünköpfl
1707
Mühllehenalm
(1582)
Dientenbach
Geralm
Marbachhöhe
1814
Reicheralm
Scheibegg
Eben
Hirschegg
Gerbach
Hirschbach
Fischerstüberl
Dacheben
Keilgütl
Reichkendl
Sonnberg Dienten
Schattberg Dienten
2017
1988
Klingspitze
Bergkendl
Hochkasern
Schienberg
1687
Schienberg
Bründlingkopf
1746
0 500 1000 m

# Marbachhöhe 1.814 m ● Erika Scherer

## Ins Schneeloch von Hintermoos

**Anforderung:** Mittel.
**Charakter:** Westseitige Almtour für Spätaufsteher.
**Exposition:** West, Nordwest.
**Anfahrt:** Von Saalfelden, Maria Alm bis zur Gondelstation Hintermoos, die unübersehbar an der rechten Straßenseite am Weg nach Hinterthal liegt. Hier oder nach 400 Metern die Hintermoosstraße bergwärts und vor dem Übungslift parken. Wenn dieser Parkplatz besetzt ist, weiter zum Hotel Hintermoos und unterhalb des Hauses parken. Rosmarie Blattl, die Hausherrin, freut sich über die Tourengeher und bietet gute und kostengünstige Speisen und Getränke an.
**Gehzeit:** 2,5 Stunden.
**Höhenunterschied:** 804 Meter.
**Karte:** f&b WK 103.

## Die Route:

Am Rande des kurzen Schleppliftes bis zum Hotel Hintermoos. Gleich dahinter teilt sich der Weg – unserer führt über die Brücke und im Anschluss den linksseitigen freien Berghang hinauf. Etwa auf halber Höhe, bei der großen Fichte ohne Wipfel, auf den folgenden Hang und weiter bis zur Neualm. Oberhalb der Hütte den Schlag weiter, bis an dessen Ende rechts ein kleiner Erlen-Fichten-Schopf steht. Dahinter in die kurze Waldschneise, wir queren einen Weg und es beginnt ein lockerer, gar nicht steiler Hochwald, durch den man erst nordöstlich und sodann ostsüdwärts, quasi in einer langgezogenen Rechtskurve, aufsteigt. (Fast immer ist hier gespurt, immer wieder sieht man auch Markierungsstellen an den Bäumen.) Nach etwa 40 Minuten wird der Wald wieder lichter, bis er schließ-

Der durstige Steinbock; vom Jaga gschnitzt?

lich am breiten Hang der Marbachhöhe endet. Vorbei am Jägerhütterl ziehen wir unsere Spur zum Einschnitt am Grat – linksseitig ist ein Sonnenplatzerl im Schneehang und rechts einige Meter bergan ist ein neues breites Bankerl, bitte sehr!!!

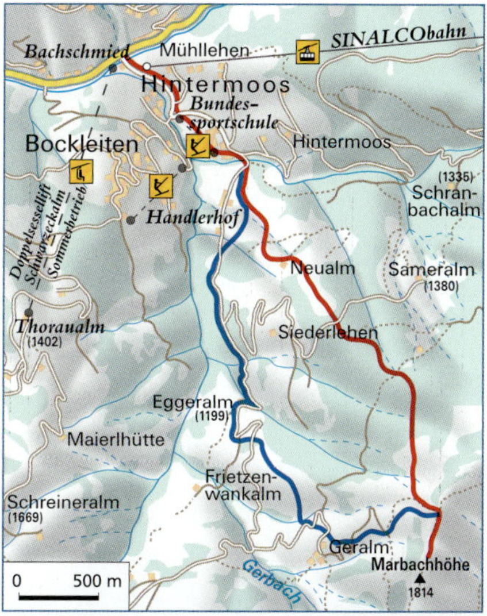


**Abfahrt:** Vom Grateinschnitt zum breiten Westhang, der hügelig und frei sich bis zu den weit sichtbaren Geralmen auf 1.486 Metern zieht. In großen Schwüngen zu den Almhütten und just oberhalb rechts fahren. Ganz kurz geht's am Weg aufwärts, bevor man über den langen Egger Riedl zur gleichnamigen Alm kommt. Oberhalb der Hütte führt der markierte Waldweg zum Ausgangspunkt.

Die Abfahrt.

# Sommerer Alm 1.405 m •

Erika Scherer

In Nachbarschaft des Grünköpfls

**Anforderung:** Leicht.
**Charakter:** Über Schlittenweg und Almwiesen. Eine Tour für die ganze Familie.
**Exposition:** Ost-Nordost.
**Anfahrt:** Von Bischofshofen, Lend oder Saalfelden nach Dienten. Am Fuße des Kirchhügels (just nach bzw., von Lend kommend, vor Dienten) ist der gebührenfreie Parkplatz.
**Gehzeit:** 1 Stunde 30 Minuten.
**Höhenunterschied:** 300 Meter bis zur Almhütte, 410 Meter bis zum Hochwald.
**Karte:** f&b WK 103.

## Die Route:

Erst den schönen Schlittenweg zur Jausenstation Grünegg, an dieser vorbei bis in den Wald, wo der Weg sich gabelt. Nun nach rechts gehen und nach etwa 50 Metern bergwärts durch das lichte Waldstück. Im Wald ist ein großer Fels, den rechts umgehen, sodann durch den Holzschlag weiter bis zur Sommerer Alm. Von hier das kurze Waldstück links der Hütte entlang und in einer flachen Schleife zu den oberen Hängen.
Sodann weiter zum Hochwald hin. Dieser endet an einem unbenannten Rücken, der etwa auf einer Höhe von rund 1.550 Metern liegt.

Die Sommerer Alm.

Übungswiesen im Gebiet der Sommerer Alm. Alternative: Anstatt der letzten 50 Höhenmeter zum Wald, empfiehlt es sich über den Almboden bis zur Lettenalm (siehe Karte) zu gehen.

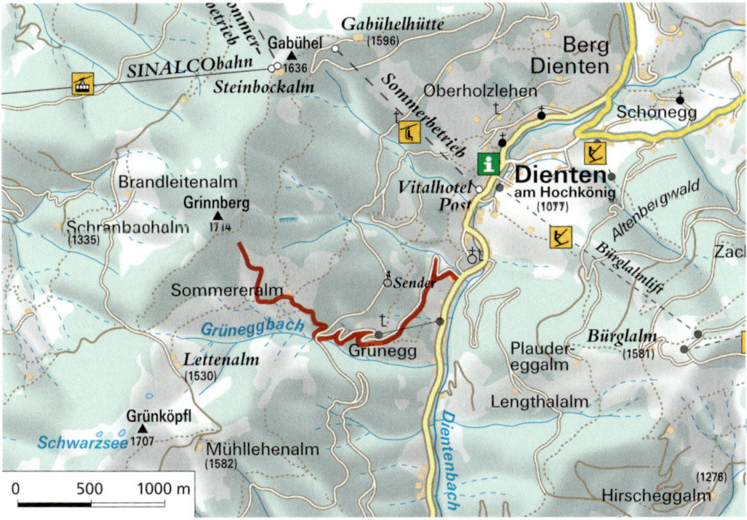

# Wastlhöhe 1737 m ●

Erika Scherer

## Am Knödltag zur Bürglalm

**Anforderung:** Leicht mit einem kurzen steileren Hang.
**Charakter:** Über freie Almböden rauf wie runter.
**Beste Zeit:** So bald Schnee und so lange Schnee liegt.
**Anfahrt:** Von Bischofshofen, Lend oder Saalfelden nach Dienten, knapp 2 km vor/nach Dienten beim Fußballplatz parken.
**Gehzeit:** 1,5 Bürglalm, 2 Stunden Wastlhöhe.
**Höhenunterschied:** 550 Meter Bürglalm, Wastlhöhe 690 Meter.
**Karte:** f&b WK 103.

## Die Route:

Dientens Fußballplatz liegt direkt an der Landesstraße, hier ist ein geräumter Platz für's Auto. Über die kleine Brücke, vorbei am alten Häuschen (Nr. 38) geht es gleich den breiten Hang hinan. Ob man sich nun eher rechts (wie ich) hält oder links, ist einerlei. Kaum abmarschiert liegt, an der linken Hangseite die Nösslau Hütte. Im weiten Bogen geht's weiter zur Lengthal Alm, eine alte, im Winter nicht bewirtschaftete Almhütte. Wieder etwas höher gespurt, dicht am Waldrand, sieht man die Plauderegg Alm. Nun teilt sich der Hang, ein kleiner Graben tut sich auf, und

Auf der Bürglalm ist „Montag Knödltag, Dienstag Nudltag, Mittwoch Strudltag, Donnerstag Fleischtag, Freitag ..., und alle Tag' Gabi-Toni-Tag".

Die Route über die Almen zur Wastlhöhe, mit herrlichem Ausblick zum Hochkönigsmassiv. Gegenüber liegen der Klingspitz 1.988 m), die Marbach Höhe (1.814 m) und der Bründlingkopf (1.746 m).

man hat die Wahl, diese Seite – jene Seite – wieder einerlei, beide Hänge sind gleich steil, hier kann man in Sicherheit „Spitzkehren üben"! Nach dem kurzen Steilstück sieht man den „Wastlhöhelift", und in der Mulde liegt die Bürglalm (1.593 m). Wir gehen rechter Hand, abseits des Liftes, über den flachen Almboden weiter auf den Wald zu, sodann an dessen Rand – parallel zur Piste – bergwärts. Nach einer kleinen Senke geht's die letzten etwa 50 Höhenmeter zur Wastlhöhe, die 1.737 Meter hoch ist.

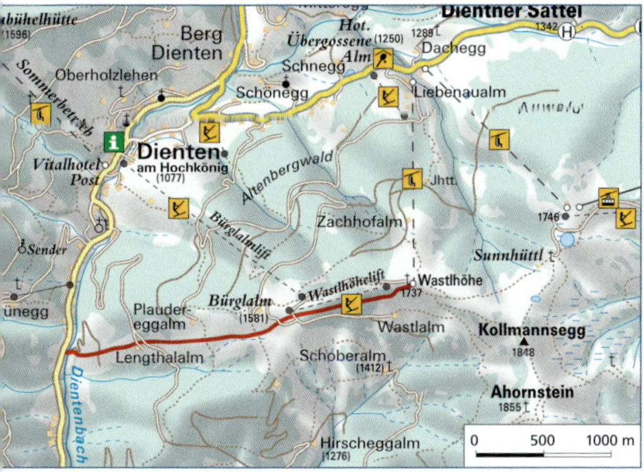


Hier genießt man den Blick zum Hochkönig (2.941 m), Taghaubenscharte (2.136 m) und ganz links die Lausköpfe (2.307 m), alles Skitouren, die Sie vielleicht in einigen Jahren gehen, sicher aber sind sie im Buch „Meine Spur" beschrieben.

**Abfahrt wie Aufstieg!**

# Goldegg

> Meislstein

# Großarltal

> Ellmaualm
> Kieserl
> Loosbichl

# Meislstein 1.400 m ●

Erika Scherer

Zur Hirtenkapelle.

**Anforderung:** Leicht.
**Charakter:** Über die Felder der Bergbauern.
**Beste Zeit:** Hochwinter bis Anfang März.
**Anfahrt:** Von Schwarzach nach Goldegg, weiter nach Weng, dann Richtung Böndlsee.
**Gehzeit:** 1,5 Stunden.
**Höhenunterschied:** 560 Meter.
**Karte:** f&b WK 103.

## Die Route:

Von Schwarzach nach Goldegg, die Straße weiter bis Goldegg Weng (836 m). Im Ort links Richtung Böndlsee bis zur Bushaltestelle bzw. Station der Buchberg Lifte. Hier parken!

Gleich hinter dem Wegkreuz, man kann gar nicht fehlen, die freien Hänge in beliebigen Serpentinen auf den Sonnenhängen bergwärts. Vorbei an einem wieder errichteten alten Bauernlehen und weiter über dessen oberes Feld. Über einen kurzen Waldhang zum nächsten freien Feld. Bald erscheint links die Meislstein Hütte, die eigentlich mehr Haus als Hütte ist. Wir lassen sie links liegen und ziehen auf dem vor uns liegenden freien Almboden weiter. Jetzt drehen wir uns in westliche Richtung unterhalb des frei stehenden Heustadels vorbei. Wieder wird's ein wenig steiler. Wir sind etwa 70 Höhenmeter oberhalb der Almhütte und peilen den freien weißen Hügel an. Schon ist die schöne Kapelle am Hügel, unser Ziel, sichtbar.

**Abfahrt wie Aufstieg!**

Weiß Gott wie oft ich schon auf meinem Hausberg war und erst letztes Mal habe ich das ungleiche Paar am Waldrand entdeckt.

Das Foto wurde am 19. März gemacht. Zu dieser Zeit ist der Meislstein schon ziemlich aper.

# Ellmaualm 1.794 m ●

**Erika Scherer**

## Almtour mit weiteren Möglichkeiten

**Anforderung:** Leicht/Mittel.
**Charakter:** Almtour durch Wald und über kupiertes Gelände zu den weiten Hängen der Ellmaualm, und wer mag: Leichter Anstieg auf den Kamm und zum Gründeck.
**Exposition:** Süd.
**Anfahrt:** Von St. Johann nach Großarl und im Ortszentrum unmittelbar beim Hotel Post links ins Ellmautal. Je nach Straßenverhältnissen entweder nach 5 km beim Klausbauern parken oder noch 800 Meter weiter (bei der Wehr links abzweigen) zum Bauernlehen Grund. Davor sind immer geräumte Parkplätze.
**Gehzeit:** 1,5 Stunden.
**Höhenunterschied:** 450 Meter.
**Karte:** f&b WK 103.

## Die Route:

Über die bergseitige Wiese oberhalb des Bauernlehens „Grund" (1.360 m) zum rechten äußeren Waldrand gehen. Sogleich trifft man auf einen Weg, der in talauswärtige Richtung führt und im letzten Abschnitt etwas steiler ansteigt. Ist das untere Waldstück erst vorbei, geht man über kleinere Almweiden bergwärts. Auf dem folgenden flacheren Teilstück ist sodann ein mit Erlen bewachsener Graben (linker Hand) zu queren. Wieder geht es über Almweiden zum nächsten Hochwald. (Immer wieder trifft man auf die Markierungen des Sommerweges, der ähnlich zu unserer Spur verläuft.) Der Anstieg durch den Hochwald ist erneut steiler, doch ist es nur ein kurzes Stück, bis der Wald sich lichtet und die freien Böden der Ellmaualm vor uns liegen.

Wer noch weitergehen will, die freien Hänge oberhalb der Ellmaualm sind ein wahrer Skigenuss! Beliebig einen Weg bis zum Kamm (etwa 200 Höhenmeter) wählen! Ein Abstecher auf das 2.168 Meter hohe Gründeck ist ebenfalls lohnenswert; oder die Abfahrt auf der Nordseite des Kammes – dafür bis zum Fuß (rechte Seite des Kammes) des Gründecks gehen – bis zur Kleinwildalm – freilich muss man in diesem Fall wieder zurückspuren!
**Abfahrt wie Aufstieg!**

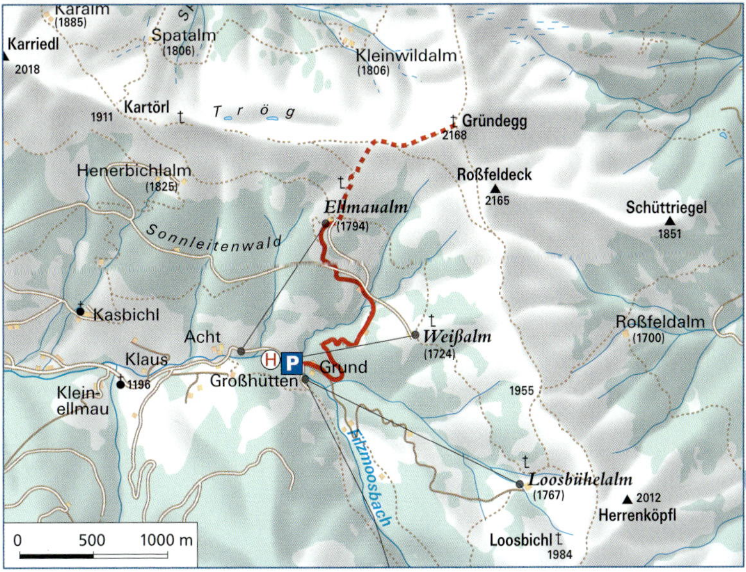

Karalm
(1885)
Spatalm
(1806)
Karriedl
2018
Kleinwildalm
(1806)
1911
Kartörl
T r ö g
Gründegg
2168
Henerbichlalm
(1825)
Roßfeldeck
2165
Ellmaualm
(1794)
Schüttriegel
1851
Sonnleitenwald
Kasbichl
Roßfeldalm
(1700)
Acht
Weißalm
(1724)
Klaus
Grund
Großhütten
1196
Klein-
ellmau
1955
Fitzmoosbach
Loosbühelalm
(1767)
2012
Herrenköpfl
Loosbichl
1984
0
500
1000 m

# Kieserl 1.951 m ●

Erika Scherer

## Zum Bergsattel zwischen Gastein und Großarl

**Anforderung:** Leicht.
**Charakter:** Über Waldweg und Almhaine.
**Exposition:** Nordost.
**Anfahrt:** Kurz vor Großarl rechts die Straße nach Unterberg Nord, nach etwa 300 Metern, vor der Brücke erneut rechts Richtung Aualm bis zum Lainholzbauer (3 km).
**Gehzeit:** 2 Stunden.
**Höhenunterschied:** 710 mMeter.

## Die Route:

Der Lainholzbauer (1.240 Meter) lässt uns parken, freut sich wahrscheinlich, wenn man ihn vorher fragt! Von hier dem Weg (westwärts) folgen, er führt bis zum ehemaligen Bergland Skiheim, das einst von Sepp Forcher betrieben wurde, nun aber privat genutzt wird. Wer nicht den gesamten Weg ausgehen will, kann über die zwischen den Kehren liegenden Hänge abkürzen. Vom Berglandhaus geht's auf der linken Grabenseite, an einigen Erlen ist eine rot/weiße Markierung zu sehen, weiter – es ist der Weg zum Arltörl. Nach kurzer Gehzeit liegt das Erlengebüsch hinter uns, und ein freier Hang tut sich auf. Wir bleiben auf dieser Hangseite, ziehen unsere Spur bis zum Übergang ins Gasteinertal, zum „Arltörl". Hier linker Hand aufwärts über Kuppen und durch Senken, über Hügel und an verkrüppelten Bäumen vorbei. Das unscheinbare Ziel erkennen wir an einem Zaun, der hier eine Grenze bildet, und an der herrlichen Aussicht, die sich einem plötzlich auftut.

Wetterwechsel am Kieserl.

Das Bergland Skiheim auf 1.620 m, in dem 1955 Sepp Forcher Hüttenwirt war. Wenn bei ihm ein Gast mehr als fünf Teller Erbsensuppe aß, brauchte er nur eine zu bezahlen...

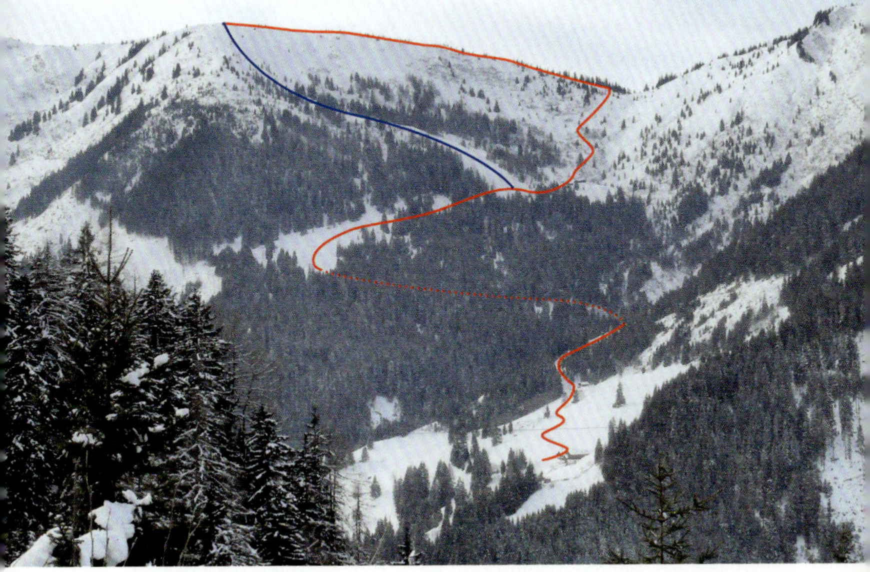

**Abfahrt wie Aufstieg** oder auf der markierten Skiroute, die vom Fulseck kommt, dabei die Abzweigung (am Aufstiegsweg im Wald) zum Ausgangspunkt nicht übersehen!

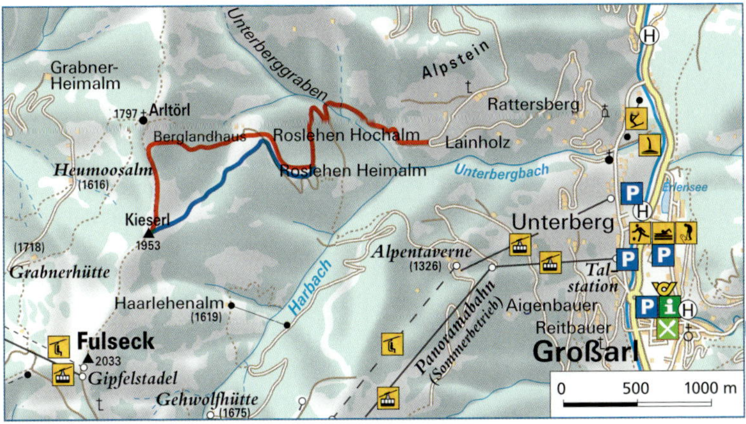

# Loosbichl 2.048 m ●

Erika Scherer

Von „Grund" über die Almböden

**Anforderung:** Leicht.
**Charakter:** Schneesichere Tour im Talschluss.
**Exposition:** Nordwest.
**Anfahrt:** Von St. Johann nach Großarl und im Ortszentrum unmittelbar beim Hotel Post links ins Ellmautal. Je nach Straßenverhältnissen entweder nach 5 km beim Klausbauern parken oder noch 800 Meter weiter (bei der Wehr links abzweigen) zum Bauernlehen Grund. Davor sind immer geräumte Parkplätze.
**Gehzeit:** 2 Stunden.
**Höhenunterschied:** 698 Meter.
**Karte:** f&b WK 103.

## Die Route:

Beim alten Bauernlehen „Grund" (1.350 m) gut zehn Minuten die Forststraße entlanggehen, bis sich die Almhänge zeigen. Bald steht am Rand ein Wegweiser „Loosbühelalm" mit einer Abzweigung. Hier links die Abkürzung durch den Wald nehmen. Über den ersten Hang zum kleinen Törl – hier beginnen rot-weiße Markierungen. Diesen folgen, bald quert die Forststraße, der schöne Waldweg führt darüber, bis wir nach einer Weile erneut den Almweg kreuzen und sich der breite obere Hang auftut. Zwischen den einzelnen Bäumen gemächlich bergauf spuren. Alsbald ist das Ziel inmitten des Hanges sichtbar. Wir halten uns rechts, gehen am Waldrand über die Kuppen des Almbodens hinauf. Vor dem Gipfelrücken geht's einen kurzen aber steilen Lärchenhang hinauf. Oft findet sich eine Spur, die dieses Steilstück über den Südhang, rechts zwischen einer Fichte und Zirbe hindurch, umgeht. Es folgt der letzte Teil, ein kurzer flacher Bergrücken.

**Abfahrt wie Aufstieg!**

Bauernlehen Grund.

Kasbichl
Großellmau
Acht
Klaus
Weißalm
(1724)
Roßfeldalm
(1700)
Grund
Großhütten
1196
Klein-
ellmau
1955
Filzmoosbach
Loosbühelalm
(1767)
2012
Herrenköpfl
Loosbichl
1984
Buchbachkargraben
Kl. Schneibenstein
1986
1925
Finstersattel
Achtalm
(1742)
Nebeleck
2158
Gr. Schneibenstein
2143
Filzmoosalm
(1710)
0
500
1000 m

# Flachautal

> Hahnpfalzköpfel
> Oberennsalmen
> Spirzinger
> Ursprungalm

# Oberes Ennstal

> Roßbrand

# Hahnpfalzköpfel 1.750 m • Christa Kramer

Ein anderer Weg, ein anderes Ziel

**Anforderung:** Leicht.
**Charakter:** Abwechslungsreiche Skitour, am Anfang steiler durch Wald und Wiesen, lange Forststraße, oberer Teil am Grat entlang und mit einem leichten Anstieg. Ein gemütlicher Hügel, wo nebenan auf der linken Seite der große „Lackenkogel“ steht, dahinter steht sein Nachbar, der „Strimskogel“, eingebettet in einem Kessel die romantischen Lackenalmen.
**Exposition:** Nord.
**Anfahrt:** Von Altenmarkt/Pongau – Richtung Zauchensee – rechte Seite „Gasthaus Neuhäusl“-Parkplatz oder die einfachere Variante: Nach Flachau – Ortszentrum – Berggasthaus Sattelbauer.
**Gehzeit:** Von Altenmarkt ca. 2,5 bis 3 Stunden. Vom Sattelbauer ca. 1 bis 1,5 Stunden.
**Höhenunterschied:** 850 oder 500 Meter.
**Karten:** freytag & berndt WK 201.

Abfahrt vom Hahnpfalzköpfel.

Auf dem Hahnpfalzköpfel mit Blick auf den Lackenkogel.

## Die Route:

Man wird nie alleine beim „Neuhäusl"- oder beim „Sattelbauer"-Parkplatz stehen – außer das Wetter ist „sauschlecht"!
Am Anfang muss man die Tauernloipe queren, am Kohlgraben entlang geht es hinauf auf einen steileren Wiesenhang, wo sich die letzten Häuser verabschieden. Anschließend geht es durch ein kurzes, steiles Waldgelände, wo man von weitem schon den Sattelbauern auf 1.279 m sieht. Man geht direkt darauf zu, aber bitte noch nicht einkehren! Begrüßung der anderen Tourengeher, die es gemütlicher haben wollten und mit dem Auto direkt zum Sattelbauern fuhren.
Nun geht man die 1. Abkürzung durch den Wald, wo es ein bisschen enger zugeht, einfacher und etwas breiter ist der Aufstieg über die Forststraße. Nach zirka einer halben Stunde Gehzeit lichtet sich der Wald, und wenn der große Lackenkogel herunterlacht, sieht man auf der Forststraße beidseitig einen markierten Pfosten. Genau an dieser Stelle verlassen wir den normalen Weg und biegen rechts in einen lichten Graben hinein.

Auf einem Riedel angekommen, leuchten rechter Hand die Pisten vom Grießenkar in Flachau herüber und linker Hand unten stehen die drei Lackenalmen.
Jetzt ist es nicht mehr weit! Ein Stück geradeaus, am Grat entlang mit einem leichten Anstieg durch einen Mischwald, und zum Schluss noch ein schöner Wiesenhang (ein markanter Punkt ist ein abgestorbener Baum, der stolz in der Mitte vom Hang steht), rundet die Tour ab.
Das Hahnpfalzköpfel mit 1.750 m, einer schönen Aussicht und ein paar tollen Schwüngen im Tiefschnee erwartet dich!
Die Abfahrt kann man wählen, indem man direkt etwas steiler runterfährt, oder man hält sich rechts, besucht das „Lackenmarterl" (wo man sich gemütlich auf ein Bankerl setzen kann) und fährt neben den Lackenalmen hindurch wieder auf die Forststraße. Somit schließt sich der Kreis wieder, und beim Sattelbauern, darf man sich eine Stärkung holen, und als Nachspeise bekommt man einen „Skitourenwitz" spezieller Art!

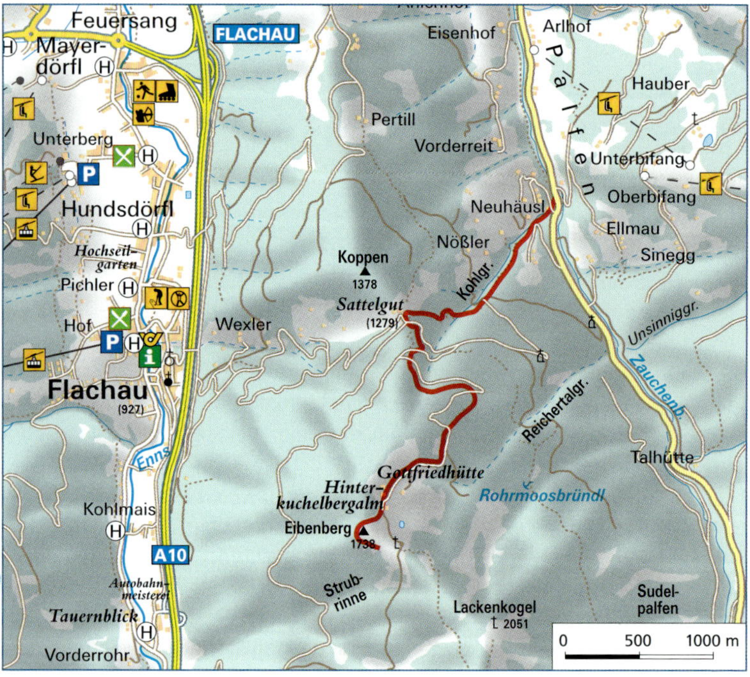

# Oberennsalmen 1.789 m • Christa Kramer

Zum Ursprung der Enns

**Anforderung:** Leicht.
**Charakter:** Auf einer leicht ansteigenden Forststraße ist mit einer langen Eingehzeit zu rechnen, dafür öffnet sich nach dem Waldgraben ein schöner Almboden, auf dem man die Ruhe und Stille genießen kann, sofern man sich auch selber so verhält.
**Anfahrt:** Direkt an der Autobahnausfahrt Flachauwinkel, am Liftparkplatz Walchau, 1.036 m – auf der linken Seite beginnt der Forstweg mit einem Schranken und einer Tafel, auf der ausdrücklich drauf hingewiesen wird, dass man den markierten Weg nicht verlassen soll: „Wildschutzgebiet".
**Exposition:** Süd.
**Gehzeit:** Zirka 2,5 bis 3 Stunden.
**Höhenunterschied:** 750 Meter.
**Karte:** freytag&berndt WK 202.

*Wenn man Hektik und Stress hinter sich lassen möchte, dann empfiehlt sich eine Skitour auf die Oberennsalmen. Man erlebt eine innere Einkehr, Besinnung, und man findet wieder zu sich selber, wenn man den langen Weg auf der Forststraße dahingeht und das Ziel gedanklich vor Augen hat. Als Belohnung öffnet sich ein schöner Almboden.*

## Die Route:

Vom Liftparkplatz aus in Walchau beginnt unsere Skitour auf einer gemütlichen Forststraße. An einem Schranken vorbei, und nun erwartet uns ein längerer „Hatscher". Immer geradeaus Richtung Süden, vorbei an einer Holzlagerhütte, mit einem großen Geweih versehen, kommt man zu einer weiteren Almhütte, die man auch hinter sich lässt.
Links unten im Graben schlängelt sich die „junge" Enns entlang, wo noch ein weiter Weg auf sie wartet.
Nach dem Waldgraben öffnet sich eine wunderschöne Aussicht mit einem tief verschneiten Almgebiet, umgeben von großen Bergen, wo links das Benzeck und Schilchegg, in der Mitte der Bernkarkogel und rechts die Ennskraxn stehen.
Zuerst kommt man zur Aigenhütte, dann geradeaus weiter, und wieder vorbei an zwei Almhütten. Nach einer starken Rechtskurve geht es jetzt etwas steiler rauf zur Unterennsalm, unterhalb der Ennskraxn und dem Kraxenkogel entlang. Nach ein paar Kehren sehen wir die Oberennsalmen auf 1.789 Metern. Man kann aber gerne noch um 100 Höhenmeter verlängern, indem man auf das Ennsfeld hinaufsteigt. Ein schöner Abfahrtshang ist die Belohnung.
Je nach Schneebeschaffenheit und mit etwas Mut kann man den steileren Hang, im oberen Teil durch ein Waldgelände, unterhalb der Oberennsalmen bis zur starken Rechtskurve abfahren, ansonsten nimmt man die Forststraße.
Nach der Aigenhütte ist mit einem kleinen Gegenanstieg zu rechnen, der nicht allzu lange dauert, und anschließend geht es nur mehr bergab bis zum Ausgangspunkt.

Frauenalm
Kesselhütte
Walchaugraben
P
Ghf. Walchau
Gasthaus Wieseneck
Dachebenalm
Burgstallhütte
FLACHAUWINKEL
Pit Pat - Anlage
P
Wieslbauer
A10
Ennslehen
Maierl
Schaup
Wildbühel
1916
Tauernautobahn
Enns
Langeggbach
1785
(1780)
Gründbichlhütte
Weißenhofalm
Wetterkreuzkogel
1811
Moseregg
1832
1960
Benzwand
Tauernautobahn
Baierhtt.
Latschenhtt.
Aigenhütte
(1692)
Steinkaralm
Eiswand
Pleißlingbach
Benzeck
2076
Seekopf
1986
Unterennsalm
(1396)
Blauer See
Täublalm
Ennskraxen
2410
Kraxenkogel
2436
Ranstlalm
(1502)
Schilchegg
2040
Oberennsalm
Enns Ursprung
0
500
1000 m

Das Benzeck.

# Spirzinger 2.066 m

Christa Kramer

## Der Weg ist das Ziel

**Anforderung:** Leicht, letzter Hang Mittel.
**Charakter:** Wenn man anfangs den Autobahnlärm und die Sicht auf die Autobahn in Kauf nimmt, hat man danach eine ruhige und aussichtsreiche Skitour. Teils auf einer Forststraße und durch den Wald bei steileren Anstieg auf den Spirzinger, der auch von der anderen Seite her sehr gerne begangen wird.
**Exposition:** Nord/Ost.
**Anfahrt:** Autobahnausfahrt Flachauwinkel – Liftparkplatz Flachauwinkel Zauchensee – Richtung Gasthofalm – nach ca. 3 km bei einer Autobahnunterführung kann man an der Straße parken.
**Gehzeit:** ca. 2,5 bis 3 Stunden.
**Höhenunterschied:** 850 Meter.
**Karte:** freytag &berndt WK 201.

*Der Spirzinger ist kein Unbekannter, er wird vielfach von der Gnadenalm (Südwienerhütte) aus begangen.*
*Unsere Skitour erfolgt aber von der Flachauwinkelseite aus. Leider muss man die Autobahn in Kauf nehmen, aber nach einigen Höhenmetern, wenn man die Hafeichtalm betritt, wird es ruhiger und auch einsamer. Ab dort kommt ein steilerer Gipfelhang, auf dem man ein bisschen Orientierungssinn benötigt. Kein Massenansturm!*

## Die Route:

Bei der Autobahnunterführung durch, geht es rechts auf einer Forststraße (mit einem Schranken abgesperrt), an zwei vermieteten Hütten vorbei, entlang bis zur Puelhütte und der Zehenthofhütte.
Rechts unten begleitet uns die Autobahn mit Blick in das Tauerntunnel-Nordportal und verschwindet wieder, wenn man den Wald erreicht hat.
Bei der Hafeichtkapelle im schönen Almgebiet der Hafeichtalm sehen wir linker Hand den Windschäufl sowie die markante Steinfeldspitze mit dem Bärenstaffel.
Bei der höchstgelegenen Hütte (Scharfettalm) wenden wir uns nach rechts (geradeaus geht es Richtung Steinfeldspitze), gleich geht es kurz leicht bergab, und folgend liegt ein steilerer Anstieg vor uns. Dieser führt teils

durch den Wald, teils über Wiesenhänge mit etlichen Kehren auf den Spirzinger auf 2.066 m. Oben angekommen, ist man dann nicht mehr alleine! Jedes Herz eines Skitourengehers erfreut sich beim Anblick einer schönen Aussicht und eines Gipfelkreuzes, bei dem man als Dank gerne innehält. Die Abfahrt folgt dem Aufstieg mit teils schönen Tiefschneehängen, vorausgesetzt, dass die Schneelage passt.

**Ein spezieller Tipp fürs Einkehren:** der Schauphof in Flachauwinkel!

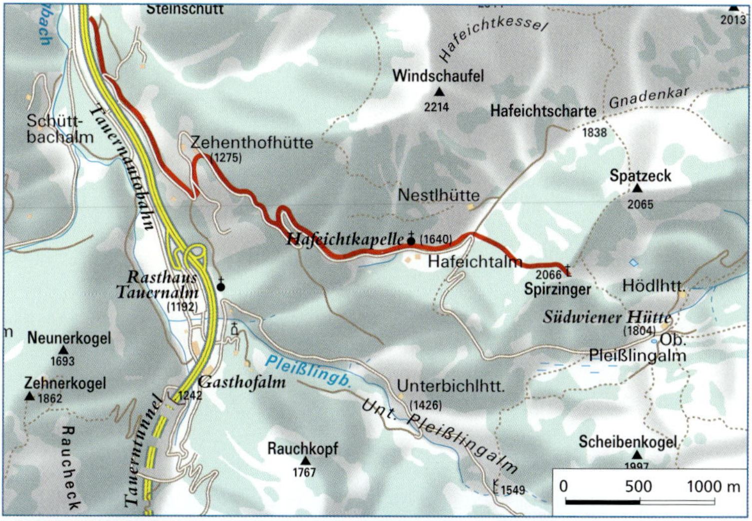

# Ursprungalm 1.534 m ● Christa Kramer

**Anforderung:** Leicht.
**Charakter:** Eine kleine Mittagstour auf einem längeren Forstweg durch ein schönes, romantisches Tal und einem Abschnitt auf einem etwas steileren Forstweg bis zu einer Almhütte. Kleinere schöne Tiefschneehänge und wieder flach raus bis zum Ausgangspunkt.
**Anfahrt:** Autobahnausfahrt A10 bei Flachauwinkel, nach ca. 5 km zur Gasthofalm in Richtung Süden, befindet sich auf der linken und rechten Seite bei einem Schranken ein Parkplatz. Der weitergehende Weg führt ins Marbachtal.
Hinweistafeln!
**Gehzeit:** 1 1/4 bis 1,5 Stunden.
**Höhenunterschied:** Zirka 500 Meter.
**Exposition:** Nord.
**Karte:** freytag&berndt WK 202, ÖK 126, 156.

*Im schönen Marbachtal liegen auch die beliebten Tourenziele Liebeseck, Schilchegg und Benzeck (in: „Meine Spur“). Es genügt aber auch, nur auf die Ursprungalm zu gehen. Eine gemütliche, nicht allzu steile und kürzere Tour, die man auch zu später Stunde noch gehen kann, sofern das Wetter passt.*
*Nicht so angenehm ist es, wenn es stürmische Minusgrade hat, dann kann das Tal zu einem richtigen Frostkessel werden, denn die Sonne lässt sich im Winter erst zu Mittag blicken und im Frühjahr gegen 10 Uhr.*

## Die Route:

Der Schranken ist geschlossen, und so müssen wir zu Fuß fast eine Stunde lang auf einer Forststraße im leichten Anstieg immer geradeaus in Richtung Süden durch das Marbachtal marschieren.
Vorbei an der vorderen und hinteren Marbachalm, eingebettet in einem breiten Almkessel mit dem Blick auf den Faulkogel, das „Matterhorn“, wie er genannt wird. Es kommt die Anichhütte, die auf der rechten Seite steht, und dort geht eine Abzweigung weg, die ich aber nicht empfehlen würde, sie ist steiler und anspruchsvoller als der normale Forstweg, auch Sommerweg.
Auf diesem Weg, der jetzt etwas ansteigt, mitten durch einen Wald,

kommt man zur Ursprungalm, die romantisch und einladend auf einer leichten Anhöhe liegt. Die Abfahrt sollte kein Problem sein, denn beim Aufstieg auf dem Forstweg hat man sich die kleinen Hänge schon ausgeschaut, auf denen wo und wie wir abfahren können. Der untere Teil ist ein kleiner Genuss, bis auf das letzte Stück, auf dem wir schieben müssen! Ursprünglich wollte ich aus dieser kleinen Tour eine große Rundtour machen. Eine Runde über die Ursprungalm, Feldriedl, Schilchegg und die Ranstlalm. Da sie aber sehr weit ist, einen Orientierungssinn braucht und man eventuell selbst spuren muss, habe ich doch verzichtet. Sollte jemand Interesse an dieser Tour haben, dann kann er mich gerne unter der Telefonnummer 0664/1753535 anrufen.

Die Alm mit der Steinfeldspitze im Hintergrund.

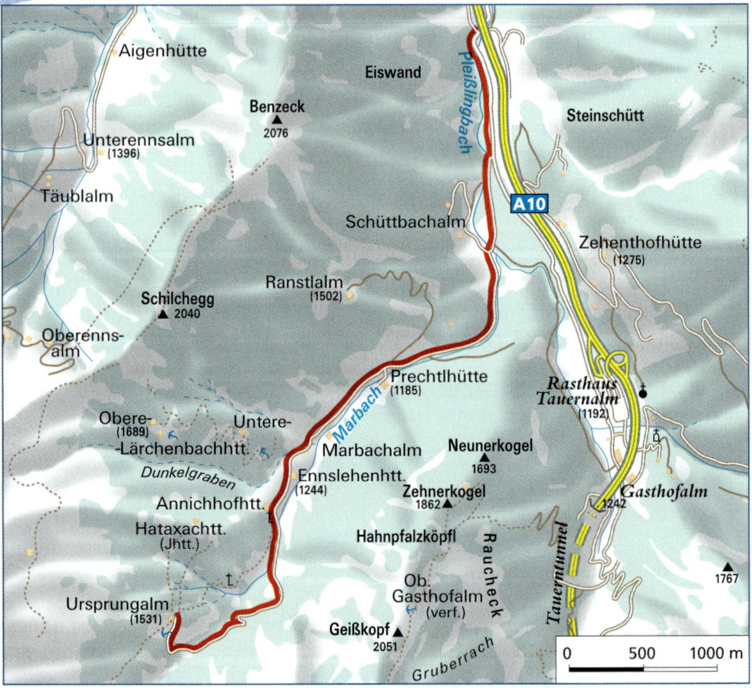
Aigenhütte
Eiswand
Benzeck
2076
Unterennsalm
(1396)
Täublalm
Pleißlingbach
Steinschütt
A10
Schüttbachalm
Zehenthofhütte
(1275)
Ranstlalm
(1502)
Schilchegg
2040
Oberenns-
alm
Prechtlhütte
(1185)
Rasthaus
Tauernalm
(1192)
Marbach
Obere-
(1689)
Untere-
-Lärchenbachhtt.
Marbachalm
Neunerkogel
1693
Dunkelgraben
Ennslehenhtt.
(1244)
Zehnerkogel
1862
Gasthofalm
1242
Annichhofhtt.
Hataxachtt.
(Jhtt.)
Hahnpfalzköpfl
Raucheck
Tauerntunnel
1767
Ob.
Gasthofalm
(verf.)
Ursprungalm
(1531)
Geißkopf
2051
Gruberrach
0
500
1000 m

# Roßbrand 1.770 m •

Christa Kramer

## Im Mondschein zum Roßbrand

**Anforderung:** Leicht.
**Charakter:** Eine romantische, leichte Skitour im Mondscheinlicht auf einer gemütlichen Forststraße, die immerhin 6 km lang ist. Die Abfahrt erfolgt auf der Straße wieder zurück bis zum Parkplatz.
**Exposition:** Nord.
**Anfahrt:** Auf der Bundesstraße B 99 nach Radstadt – Ausfahrt Ost – rechts abfahren Richtung Ro?brandstraße, 4 km bergauf bis zum Schranken (Mühlbachbauer), dort kann man das Auto an der Straßen parken.
**Gehzeit:** 1,5 bis 2 Stunden.
**Höhenunterschied:** Zirka 500 Meter.
**Karte:** freytag&berndt: WK 201.

*Der Roßbrand mit dem Senderturm, wer kennt ihn nicht? Ein ideales Sommerausflugsziel, da man ihn mit dem Bus, dem Auto, mit dem Rad oder zu Fuß erreichen kann, oder auch im Winter mit den Tourenskiern und Schneeschuhen.*
*Sicherlich, am Tag würde es langweilig sein, da rauf zu marschieren, aber am spätcn Nachmittag oder am Abend ist es eine abwechslungsreiche, einmal eine etwas andere Tour, die gleichzeitig entspannend und auch romantisch sein kann. Wenn man dann noch einen Sonnenuntergang miterlebt und man wartet, bis der Mond sich blicken lässt, dann wird diese Tour zu einem wahren Erlebnis.*
*Als zusätzliche Ausrüstung braucht man nur eine Stirnlampe, heißen Tee und vielleicht eine kleine Decke. Sitzmöglichkeit am Gipfelkreuz!*

## Die Route:

Es geht mit dem Auto weit hinauf. Vom Schranken weg, die Skier den aufgezogenen Fellen, die Stirnlampe aufgesetzt, sofern man sie schon braucht – und los geht's.
6 km lang auf einer Forststraße, die nicht steil ist und ein paar lange Kehren aufweist die man schon in Kauf nehmen muss, also nicht „jammern!", es zieht sich. Wenn man sich auskennt und es sind Abzweigungsspuren zu sehen, dann sollte man sie benutzen, dadurch könnte man sich schon einiges ersparen.

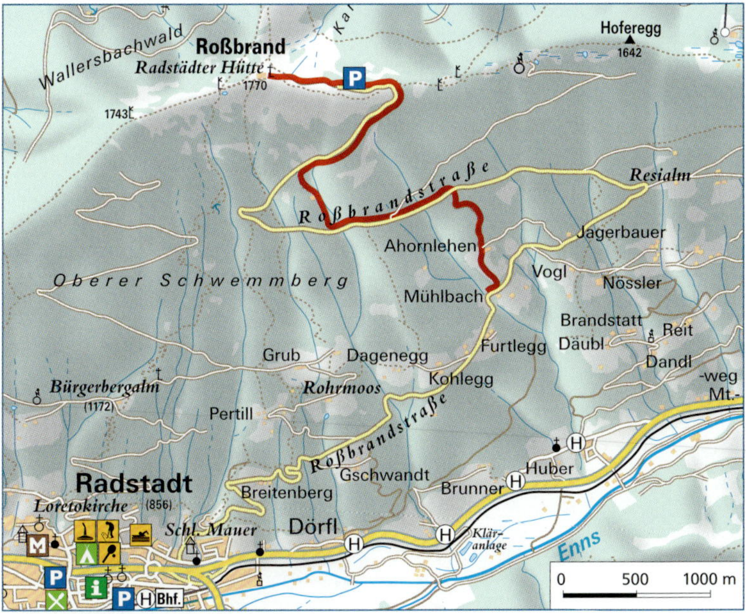


Auch sollte man sich wieder sehr ruhig verhalten, damit man das Wild nicht stört!

Nach einer guten Stunde Gehzeit kommt man zu ein paar Langlaufüberquerungen, die am Roßbrand gespurt werden, sie gehen in nördlicher Richtung weiter, halten uns immer geradeaus, bis wir auf einen breiten Gratrücken kommen. Von weitem sieht man auf der rechten Seite endlich

den Senderturm stehen. Auf diesem Grat oder auf der Straße bleibend geht es rund einen Kilometer weiter, und wir kommen dem Ziel näher. Auf einem großen Plateau ist das schöne Gipfelkreuz (1.770 m), links unten die Roßbrandhütte und rundherum ein prachtvolles Panorama. Eine kleine Hütte, die „Karhütte“, hat fast immer geöffnet, sie steht unterhalb vom Plateau auf der Filzmooser Seite (Sommerparkplatz).
Leider gibt es keine Abfahrtshänge, bis auf ganz wenige Abkürzungen, aber vielleicht ist es auch gut so, da es ja finster ist. Die Abfahrt muss man darum auf der Forststraße in Angriff nehmen. Da es nicht steil ist, in „Hocke und Schuss“ bis zum Schranken.

# Taurachtal

> Fuchsloch
> Leckriedel auf der Tauernkarleiten
> Scheibenkogel

# Zauchtal

> Zauchenseer Rundtour über die Rauchkopfhütte
Rauchkopfhütte

# Fuchsloch

Christa Kramer

## Ein Ziel ohne Grenzen

**Anforderung:** Leicht bis Mittel (je nach Länge).
**Charakter:** Eine Tour ohne Massenbesuch, in einer ruhigen und abgeschiedenen Gegend. Anfangs auf einem längeren Forstweg, vorbei an einem zugefrorenen See und einer Almhütte. Mehrere schöne Tiefschneehänge in einem nicht zu steilen Gelände.
**Exposition:** Nordwest.
**Anfahrt:** Über Radstadt Richtung Unter- und Obertauern. Etwa 3 km nach Untertauern auf der Tauernpassstraße bei der Gnadenbrücke ist auf der linken Seite eine Parkmöglichkeit! Bushaltestelle!
**Gehzeit:** 1,5 bis 3 Stunden, so lange man Lust hat.
**Höhenunterschied:** Ca. 500 bis 1.000 Meter.
**Karte:** freytag&berndt: WK 202.

*Eigentlich ein verstecktes Sommerparadies für die ganze Familie. Mitten im dichten Wald liegt der große Tauernkarsee mit einer kleinen Bootshütte. Eine Stufe höher die malerisch romantische Tauernkarhütte auf 1.671 m, eingebettet in einem Kessel.*
*Auch auf dieser Tour werden wir nicht sehr viele Leute treffen, denn sie ist nicht besonders anspruchsvoll, etwas abgeschieden, und mit einem längeren „Hatscher" muss man auch rechnen, und dennoch hat sie ihre Reize. Eine Skitour, bei der wir noch nicht genau wissen, wo und wie lange wir gehen möchten. Selber bestimmen wir unser Ziel und lassen uns überraschen, was auf uns zukommen wird.*

## Die Route:

Die Hinweistafeln zeigen uns den Weg, dem wir vom Parkplatz bei der Bushaltestelle weg, die auf 1.272 m liegt, nehmen. Wie so oft gehen wir auch diesmal auf einer Forststraße, die leicht ansteigend, zum Teil auch eben, durch Wälder und Almen, ca. 2,5 Kilometer lang, führt.
Wir kommen auf eine Kreuzung, wo wir uns rechts halten. Eine gute halbe Stunde gehen wir jetzt einen etwas steileren Weg und gelangen auf einen flachen Waldboden, in dem der zugefrorene Tauernkarsee liegt.
Wieder begeben wir uns rechter Hand vorbei an einer Bootshütte und gehen mit Blickkontakt auf den See. Am Ende des Sees angelangt, steigen

wir durch einen dichteren Wald etwas steiler hoch bis zur Tauernkaralm, die linksseitig liegt.
An dieser Alm vorbei, ab dort wird das Terrain etwas breiter und übersichtlicher, wir halten uns rechts und steigen den ersten und zweiten mittelsteilen Hang hinauf. Nun kommen wir auf das Fuchsloch, wo sich wirklich der Fuchs gute Nacht sagt. In einem breiten Kessel gehen wir, Hang für Hang, weiter und entscheiden dann selbst unser Ziel, immer mit Bedacht auf einen guten Standplatz zum Abfellen. Der letzte Hang in westlicher Richtung würde uns auf die Steinkarlspitze auf 2.156 m führen, den ich aber nicht empfehlen kann, da er sehr steil und anspruchsvoll ist.
Die Abfahrt erfolgt auf den Aufstiegshängen bis wir die Alm erreicht haben. Es geht diesmal auf der gegenüberliegenden Seite der Aufstiegsspur, der See liegt links unterhalb, auf der Forststraße wieder retour mit etlichen Stockschüben zum Parkplatz.

Fischen verboten am zugefrorenen Tauernkarsee

# Leckriedel auf der Tauernkarleiten 1.846 m ● Christa Kramer

Ein kaum begangener Riedel

**Anforderung:** Leicht.
**Charakter:** diese Skitour bietet sich an, wenn man alleine sein möchte. Die kann man ohne weiteres auch alleine gehen. Auf einem Forstweg durch einen dichten Wald mit etlichen Kehren hinauf auf eine Alm in einem schönen Almgebiet, umgeben von einigen Lärchen, in nicht allzu steilen Berg mit leichten Tiefschneehängen.
**Anfahrt:** Über Radstadt – Richtung Unter- und Obertauern. Ca. 3 km nach Untertauern auf der Passstraße bei der Gnadenbrücke biegen wir rechts rein zur Vordergnadenalm. Parkmöglichkeit!
**Gehzeit:** 2 bis 2,5 Stunden.
**Höhenunterschied:** Zirka 600 Meter.
**Exposition:** Südost.

*Wenn man seine Ruhe haben möchte, abseits vom Trubel sein will, dann geht man auf den Leckriedel auf 1.846 m. Die Tauernkarleitenalm ist eine beliebte Almhütte, die nur im Sommer geöffnet hat. Im Winter steht sie einsam und verlassen in dem Almgebiet, umgeben von Latschenfeldern und wo auf der linken Seite der kleine Bärenstaffl heruntergrüßt. Daneben sieht man die markante Steinfeldspitze und das Zauchenseer Skigebiet mit seinen vielen Pisten.*

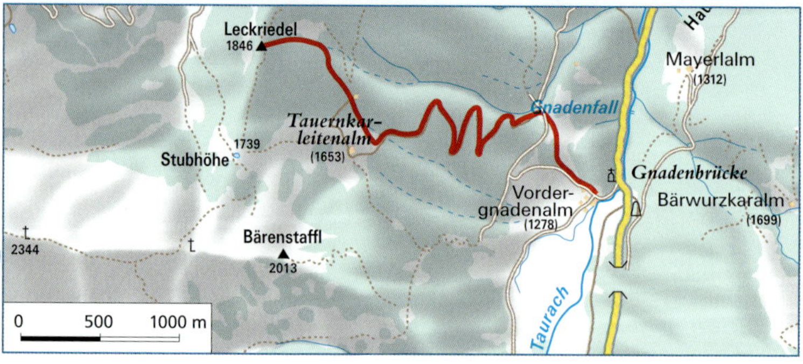

## Die Route:

Blick auf Schwarzkopf und Gamskogel.

Beim Gnadenstüberl (Vordergnadenalm) beginnt unsere Tour auf einer Rodelbahn, die rechts weggeht. Auf dieser 1,5 km langen Bahn, die auf einer Forststraße angelegt ist, teils gerade hinauf, kommen wir in einen dichten Wald hinein. Da beginnen unsere Kehren, die ein wenig langweilig sind und längere Zeit in Anspruch nehmen.
Der Wald lichtet sich, und die Tauernkarleiten Alm ist zu sehen, die auf einer leichten Anhöhe steht. Wir gehen an dieser Alm rechts vorbei durch einen lichten Lärchenwald und auf einem breiten Rücken auf den Leckriedel 1.846 m, den man schon im Visier hat. Oben angekommen, erwartet uns ein schöner Ausblick auf die Zauchenseer Seite und das Seekargebiet in Obertauern.
**Abfahrt wie Anstieg.** Der Leckriedel ist ein idealer Tiefschneehang für Anfänger, da er sehr breit und nicht steil ist. So kann man lernen, seine ersten Schwünge zu ziehen.
**Ein Tipp:** Einkehrmöglichkeit auf einer großen Sonnenterrasse im Gnadenstüberl.

# Scheibenkogel 1.997 m ●

Christa Kramer

Alter Gipfel mit neuem Kreuz

**Anforderung:** Mittel.
**Charakter:** Beliebte und ideale Skitour für Jedermann. Die Forststraße bis zur Südwienerhütte ist immer gespurt, auch der Hang zum Scheibenkogel ist vorgespurt. Man muss schon mit einigen Tourengehern und Wanderern rechnen, die auf den Höllkogel, den Kesselkopf oder auf den Kleinen Pleißlingkeil gehen. Diese Tour ist zwar nicht so weit, hat aber auch ihren Charakter, mit einem schönen breiten, lawinensicheren Hang zum Abfahren.
**Exposition:** Nord.
**Anfahrt:** Über Radstadt – Richtung Unter- und Obertauern. Ca. 3 km nach Untertauern auf der Passstraße bei der Gnadenbrücke biegen wir rechts zur Vordergnadenalm ab. Parkmöglichkeit!
**Gehzeit:** 2 bis 2,5 Stunden.
**Höhenunterschied:** Zirka 750 Meter.

*Ein Paradies für Jedermann, egal ob Langlauf, Wandern, Schneeschuhwandern, Rodeln oder Tourengehen angesagt ist. Ganz besonders beliebt ist die Südwienerhütte, die in einem sonnigen Kessel liegt und von der aus zahlreiche Tourenvarianten angegeben sind.*

## Die Route:

Ein ausreichender Parkplatz vor dem Gnadenstüberl ist vorhanden, sofern man nicht zu spät dran ist. Eine gute halbe Stunde geht man fast eben von der Vordergnadenalm bis zur Hintergnadenalm. Von dort geht man rechts bergauf auf einer Forststraße durch einen Wald, in etlichen Kehren zu bewältigen. Wenn man möchte, kann man die etwas steileren Abkürzungen nehmen, die fast immer gespurt sind. Je nach Lust und Laune, ob rechts oder links, man kommt immer hinauf, bis uns die Hödlhütte und die Südwienerhütte begrüßen. (Wenn man sich nicht sicher ist, sollte man auf der Straße bleiben.)

Der Blick richtet sich nach Süden und auf das Gipfelkreuz vom Scheibenkogel, 1.997 m. Linker Hand, gehen wir zwischen den Almhütten hindurch und steigen von dort aus nach rechts weg. In etlichen Kehren steigen wir auf einen breiten, mittelsteilen und übersichtlichen Hang hinauf. Auf einen Sattel angekommen (Kreuzung), gehen wir rechts auf einen leichten Grat, ca. 100 m zum Kreuz. Mit einer wunderschönen Aussicht wirst du belohnt. Die Abfahrt erfolgt nächst der Aufstiegsspur. Ab der Südwienerhütte kann man entweder die Forststraße oder einige Abkürzungshänge abfahren.

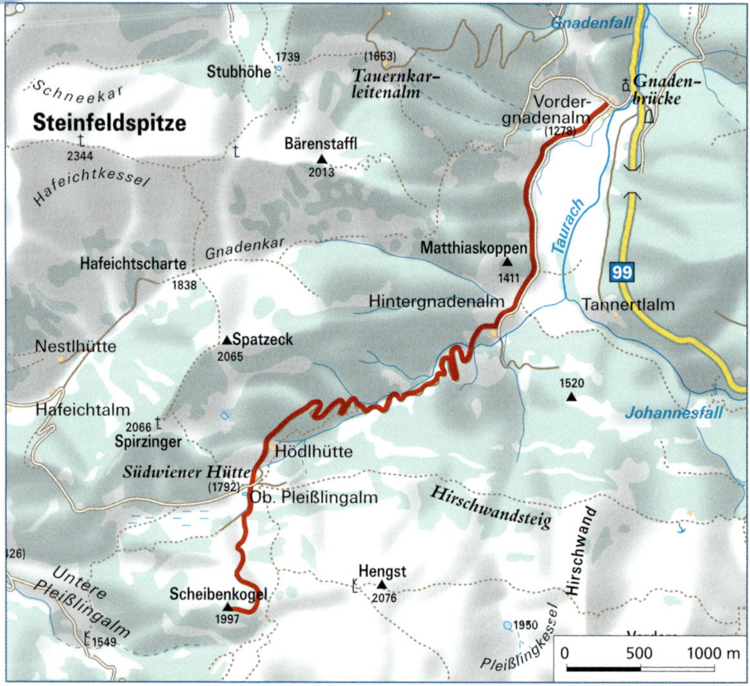
Steinfeldspitze
2344
Schneekar
Hafeichtkessel
Stubhöhe
1739
(1653)
Tauernkar-
leitenalm
Gnadenfall
Gnaden-
brücke
Vorder-
gnadenalm
(1278)
Bärenstaffl
2013
Gnadenkar
Hafeichtscharte
1838
Matthiaskoppen
1411
Taurach
99
Hintergnadenalm
Tannertlalm
Nestlhütte
Spatzeck
2065
Hafeichtalm
1520
Johannesfall
2066
Spirzinger
Hödlhütte
Südwiener Hütte
(1792)
Ob. Pleißlingalm
Hirschwandsteig
Hirschwand
Untere
Pleißlingalm
1549
Scheibenkogel
1997
Hengst
2076
1950
Pleißlingkessel
0
500
1000 m

BERGTOURENFÜHRER

Salzburg und Berchtesgaden

# Meine Tour

Herausgeberin: Erika Scherer

**Die schönsten Bergtouren von:**
*Amon, Enzinger, Heugl, Inhöger, Precht, Rohrmoser, Rainer, Scherer, Schranz, Watschinger*

RUPERTUS VERLAG

# Zauchenseer Rundtour über die Rauchkopfhütte 1.893 m

„Aufi und Obi" bis sich der Kreis schließt! ●

Christa Kramer

**Anforderung:** Leicht.
**Charakter:** 1. Teil auf einem Forstweg neben der Piste mit drei Überquerungen, 2. Teil Aufstieg durch einen Wald im Gelände, 3. Teil ein Auf und Ab am Grat entlang, 4. Teil Einkehrschwung in der Rauchkopfhütte, 5. Teil Abfahrt auf der Piste bis zum Parkplatz.
**Anfahrt:** Tauernautobahn A10 Abfahrt Altenmarkt im Pongau, mitten im Zentrum in Richtung Zauchensee, ca. 10 km in den Ort bis zur Talstation und Weltcuparena, großer Parkplatz!
**Gehzeit:** 2 bis 2,5 Stunden.
**Höhenunterschied:** Zirka 700 Meter mit Gegenanstieg.
**Exposition:** Süd (Pistenabfahrt).

*Zauchensee liegt auf 1.339 m Seehöhe und hat den Vorteil, dass man bis spät in das Frühjahr hinein noch seine Touren ziehen kann.
Bei dieser Tour sind der Kleine Bärenstaffl, die Steinfeldspitze, Schwarzkopf, Gamskogel, Arche und der Strimskogel immer in Sichtweite.*

## Die Route:

Vom großen Parkplatz, links hinter der Talstation beginnt unsere Tour auf einem Forstweg (Fahrverbotsschild) zur Oberzauchenseealm. Wir halten uns ganz links, und bis zu den Almen müssen wir zwei Pistenüberquerungen in Kauf nehmen, die auf der rechten Seite liegen. Von dort weg wird es ruhiger. Zwischen den Hütten durch und zuerst noch weiter auf dem Weg bleibend in Richtung Osten, drehen wir uns ca. nach 300 Metern nach links weg und kommen auf einem leicht ansteigenden Steig durch einen Wald in ein paar Kehren auf die Stubhöhe. Auf dieser Kreuzung haben wir

400 Höhenmeter zurückgelegt. Rechts der Kleine Bärenstaffl, und vor uns, eine Stufe tiefer, liegt die Tauernkarleitenalm.
Die Hinweistafeln zeigen uns nun den Weg, der nach Norden, auf einem breiten Gratrücken, zum 1.846 Meter hohen Leckriedel führt.
Nun soll man die Bindung schließen, denn man muss einen kleinen Hang (nicht steil!) abfahren, oder wenn man sich nicht traut, muss man überhaupt abfellen. Und dies geschieht zwei Mal. Also ein „Aufi und Obi", bis man zur Rauchkopfhütte, 1.893 m, gelangt.
Die Abfahrt kann man wählen, indem man die normale rote Skipiste oder den Ziehweg (blaue Route) bis zum Parkplatz abfährt.

# Raurisertal

> Bockart Scharte
> Kolmkar Spitz

# Bockart Scharte 2.226 m • Erika Scherer

## Durch das breite Filzenkar

**Anforderung:** Mittel.
**Charakter:** Durch den Wald, über Almböden und Bergtäler auf den Kamm.
**Beste Zeit:** Winter- und herrliche Firntour.
**Exposition:** West, Südwest.
**Anfahrt:** Von Taxenbach abzweigen nach Rauris, weiter die Landstraße nach Bucheben bis zum Bodenhaus (24 km), von da die Mautstraße zum Parkplatz Lenzanger.
**Gehzeit:** Knapp 2,5 Stunden.
**Höhenunterschied:** 676 Meter.
**Karte:** f&b WK 193.

## Die Route:

Auf der Ostseite des Parkplatzes, im Schneefeld, steht am Waldrand ein markierter Baum. Hier einfädeln und durch den „Rauriser Urwald" den Markierungen bis zur Durchgangsalm folgen. Etwa eine halbe Stunde zieht man seine Spuren schlängelnd inmitten verschneiter Felsen und Bäume dahin, bis man die „Durchgangsalm" erreicht. Dann, zwischen Hütte und Stall hindurch, den flachen Almboden entlang, und alsbald erreicht man die nächste, die „Filzenalm". Oberhalb der Alm den lichten Lärchenhang bergan, bis es nach diesem kurzen Steilstück wieder flacher wird. Wir gehen bis zum „Zwillingsbaum", einer Lärche mit zwei Wipfeln, hier links den kurzen Südhang queren und am Fuße des langen Rückens vom Kolmkar Spitz in das dahinter liegende Kar. Im breiten Kar links haltend, eine beliebige Aufstiegsspur wählen. Am Rücken der Scharte geht's zu unserem Ziel, einem schlichten Holzkreuz, bei dem am 15. Jänner 2011 die erste Tour mit einer Bergmesse für Tourengeher war.

**Abfahrt wie Aufstieg!**

Aufnahme: Christine Scherer

Aufnahme: Christine Scherer

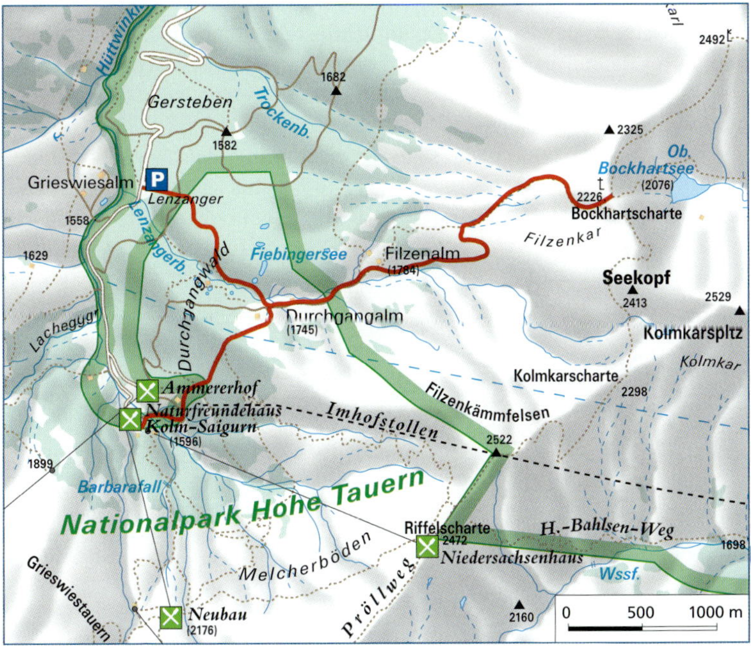

# Kolmkar Spitz 2.529 m ●

Erika Scherer

Krönende Abschlusstour

**Anforderung:** Mittel.
**Charakter:** Traumtour in faszinierender Gebirgswelt.
**Beste Zeit:** Erst im Spätwinter bis April.
**Exposition:** West.
**Anfahrt:** Von Taxenbach abzweigen nach Rauris, weiter die Landstraße nach Bucheben bis zum Bodenhaus (24 km), von da die Mautstraße zum Parkplatz Lenzanger. Da die Straße erst im Frühjahr befahrbar ist: sonnblickbasis@naturfreunde.at, hier erhalten Sie Auskunft oder können sich mit einem Skidoo abholen lassen.
**Gehzeit:** 3 Stunden.
**Höhenunterschied:** 979 Meter.
**Karte:** f&b WK 193.

## Die Route:

Auf der Ostseite des Parkplatzes, im Schneefeld, steht am Waldrand ein markierter Baum. Hier einfädeln und durch den „Rauriser Urwald" den Markierungen bis zur Durchgangsalm folgen. Etwa eine halbe Stunde zieht man seine Spuren schlängelnd inmitten verschneiter Felsen und Bäume dahin, bis man die „Durchgangsalm" erreicht. Dann, zwischen Hütte und Stall „durch", den flachen Almboden entlang, und alsbald erreicht man die nächste, die „Filzenalm". Oberhalb der Alm – allmählich wird's steiler – gehen wir den leicht bewaldeten Hang bergwärts.

Naturfreunde Schutzhaus Kolm Saigurn, die Basisstation für zahlreiche Skitouren. Ein Tipp: Hier einige Tage verweilen, von da zur Bockhartscharte, zum Kolmkar Spitz oder ins zauberhafte Märchenkar, rundum ein unvergessliches Erlebnis.

Ist der kurze Hain hinter uns, passieren wir noch einige Lärchbäume, und schon tut sich ein weites, baumloses Kar auf. Über das großflächige, wellige Schneefeld wählt jeder seine Spur nach eigenem Ermessen bergan bis zur Scharte. Hier ans linke Ende der Scharte gehen! Nun haben wir die Wahl: Entweder wir verkrümeln uns in der ober uns liegenden „Sonnengrube“ oder wir packen auch die letzten 200 Höhenmeter zum Gipfel. Der Weg dahin führt auf dessen Südseite, an den Abhängen des Bergrückens entlang, und dann über ein breites Schneefeld zum Ziel.
Gegenüber glitzert die Sonne im Gletscher des Hocharns und beleuchtet die steile Rinne der Sonnblick-Nordwand. Der Ritterkopf präsentiert sich steiler als er ist, und der Übergang zum Silberpfennig schaut regelrecht gefährlich aus. Besonders schön ist die Tour in das versteckte Märchenkar. Die Route dorthin verrät der Wirt von der „Sonnblick Basisstation“.
**Abfahrt wie Aufstieg!**

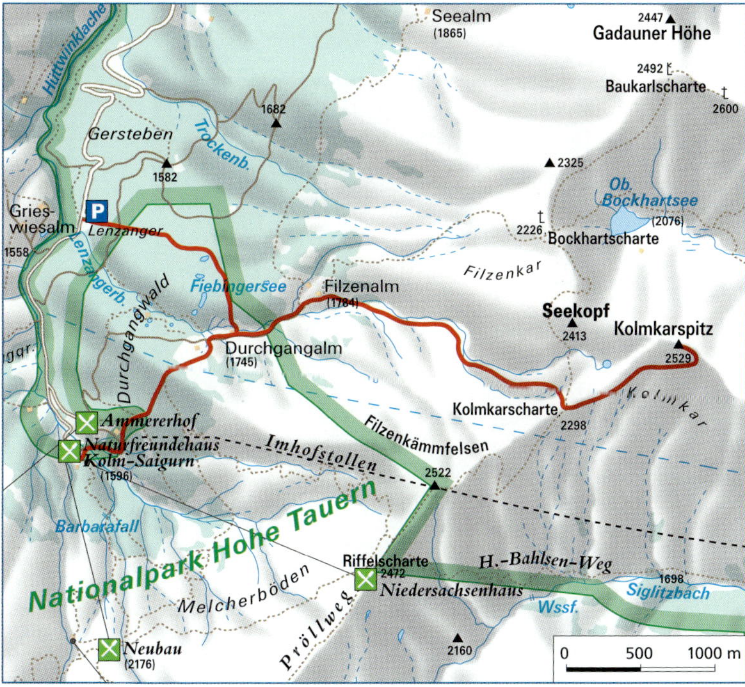

# „Der Sonnblick ruft"

Der Klassiker als **NEUauflage**
zum 125-jährigen Jubiläum des Observatoriums
am Hohen Sonnblick ergänzt mit historischen
Aufnahmen und einer Bildergalerie von Ludwig Rasser.

# PIEPS Lawinenfibel

Von Tobias Kurzeder in Zusammenarbeit mit Werner Munter
Hg.: Gerald Radinger

# Gliederung


## Skitouren und Lawinengefahr 176

Grundregeln für unfallfreie Skitouren ..... 176

## Grundwissen Geländebeurteilung & Lawinengefahr 180

Hangneigung ..... 180
Faustregeln zum Einschätzen der Hangneigung ..... 180
Mit dem Stockpendeltrick kann die Hangneigung gemessen werden ..... 181
Hangexposition ..... 182
Geländebeurteilung – Hangformen ..... 183
Geländeeinschnitte und Sättel ..... 184
Rücken und Grate ..... 185
Rücken und Rinnen ..... 186
Geländefallen ..... 186
Ungegliederte Steilhänge ..... 187
Kupiertes Gelände ..... 188
Gletscher ..... 189

## Schneekunde: Schneearten und ihre Bedeutung für Tourengeher 190

Pulverschnee/Triebschnee ..... 190
Graupeln ..... 191
Nasser Schnee/Pappschnee ..... 191
Regen ..... 192
Raureif ..... 193
Die Schneedecke ..... 193
Umwandlung durch Wind: Triebschnee ..... 194
Abbauende Umwandlung: Altschnee ..... 195
Aufbauende Umwandlung: Schwimmschnee und Becherkristalle ..... 196
Die Schmelzumwandlung: Tauwetter ..... 197

## Lawinenkunde 199

Katastrophenlawinen ..... 199
Staublawinen ..... 201
Nassschneelawinen ..... 201
Lockerschneelawinen ..... 202
Schneebrettlawinen ..... 203

Spannung, Gefahrenstellen und Inseln der Sicherheit.................205
Neuschnee und Lawinengefahr.................................210
Wind und Lawinengefahr.....................................212
Wechten....................................................214
Wellen und Dünen...........................................216
Windgangeln / Zastrugis.....................................216
Rücken, Grate und Rinnen....................................217
Sonne, Temperatur und Lawinengefahr.........................218
Faustregeln.................................................219

Risiko-Management 222
Alarmzeichen für Lawinengefahr..............................222
Tourengeher als Lawinenauslöser.............................223
Tipps und Faustregeln zur Schneedeckenbelastung..................224
Gruppenzwang und Gruppenrisiko..............................224
Der typische Lawinenhang und der todgeile Dreier.................226
Nordhänge: Nordwest – Nord – Nordost.........................226
Lee-Hänge: Nordost – Ost – Südost............................227
Südhänge....................................................227
Besonders risikoträchtige Hänge..............................227
Der Lawinenlagebericht (LLB).................................228
Außer der Gefahrenstufe enthält der LLB folgende Informationen:...228
Was kann der LLB / Was kann der LLB nicht?.....................228
Interpretation des Lawinenlageberichts........................229
Die 3x3-Filtermethode zur Beurteilung der Lawinengefahr.............231
Regional....................................................233
Lokal.......................................................233
Zonal.......................................................233
Restrisiko...................................................233
Entscheiden in kritischen Situationen mit der Reduktionsmethode..235
Die Reduktionsmethode für Anfänger...........................236
Entscheidungsfindung: To go ... or not to go.....................236
Reduktionsfaktoren (RF) = Vorsichtsmaßnahmen.....................239
Ergänzungen und Präzisierungen zur Reduktionsmethode.............241
Werner Munters Goldene Regel als Alternative
zur Reduktionsmethode.......................................241

# Skitouren und Lawinengefahr

Stiebender Pulverschnee, tiefblauer Himmel, majestätische Berge – Skitouren im winterlichen Gebirge sind ein großartiges Naturerlebnis, ein intensives Abenteuer, ein einzigartiger Sport. Doch die Schönheit und Erhabenheit der winterlichen Berge bergen für Tourengeher zugleich auch große Gefahren, insbesondere die Lawinengefahr, der jedes Jahr rund 100 Wintersportler in den Alpen zum Opfer fallen. Dieser Gefahr müssen wir begegnen, wollen wir uns ihr nicht blind aussetzen.

Im Lawinenkundekapitel erfolgt eine umfassende Einführung in das Thema Schnee, Lawinen und wie man mit der Lawinengefahr so umgeht, dass man einerseits viel Spielraum für genussreiche Touren hat, andererseits aber das unvermeidbare Risiko so klein als möglich hält. Die Grundeinstellung ist dabei die, dass sich größtmögliche Sicherheit und viel Spaß nicht ausschließen. Wir Tourengeher müssen hierzu ein systematisches Risikomanagement anwenden. Dies klingt viel schwieriger als es tatsächlich ist. Denn richtig geplant und durchgeführt werden die Touren nicht nur sicherer, sondern auch genussvoller, da man mit Hilfe guter Planung zumeist auch die besten Touren bei den besten Schnee- und Wetterbedingungen erwischt.

## Grundregeln für unfallfreie Skitouren

1. Vor jeder Skitour den aktuellen Lawinenlagebericht abrufen – und einprägen.

2. Nie alleine auf Skitour gehen. Falls doch, zu Hause das Tourenziel und die Route hinterlassen; Mobiltelefon mitnehmen.

3. Gehe nie ohne die vollständige Lawinen-Ausrüstung: Lawinenverschüttetensuchgerät, Lawinensonde und -schaufel. LVS-Gerät immer in den Sendemodus schalten (Batterien prüfen)!

4. Verzichte ab großer Lawinengefahr (Warnstufe 4) auf alpine Skitouren. Bei kritischen Verhältnissen, ab Warnstufe 3, sind viel Zurückhaltung und Vorsicht geboten.

5. Verzichte ab erheblicher Lawinengefahr (Warnstufe 3) auf extremes Gelände wie z. B. felsdurchsetzte Steilhänge, steile, überwechtete Hänge etc. Behandle die Schneedecke so schonend als möglich (z.B.: Aufstiegsabstände einhalten).

6. Verzichte bei schlechten Sichtverhältnissen auf Skitouren oberhalb der Waldgrenze: Ohne ausreichende Sicht ist das Erkennen von Gefahrenhinweisen schlecht möglich.

7. Frische, große Triebschneeansammlungen umfahren.

8. Extreme, steile Schattenhänge sind im Hochwinter oft besonders lawinengefährdet und daher mit großer Vorsicht zu genießen.

9. Rinnen meiden, Rücken suchen, sowohl im Aufstieg als auch in der Abfahrt.

10. Steilhänge einzeln abfahren und nie als geschlossene Gruppe!

11. Zügig, sicher und sturzfrei abfahren. Wenige große Kurven belasten die Schneedecke weniger als zackige Wedel-Schwünge. Im Steilgelände keine Bremsschwünge, nicht anhalten.

12. Halte beim Aufstieg im steilen Gelände generell Entlastungsabstände von mindestens 10 m ein. Kritische Hangbereiche einzeln queren!

13. Andere Tourengeher dürfen nicht gefährdet werden. Absprachen mit anderen Tourengehern können verhindern, dass sich unnötig viele Personen im selben Hang aufhalten.

14. Sei wählerisch bei der Auswahl der Tourenpartner, da sie im Ernstfall die Rettung organisieren müssen. Erfahrene Tourengänger sind für die Sicherheit der weniger erfahrenen (mit-)verantwortlich, was nicht heißt, dass Anfänger blind den Erfahrenen vertrauen sollen.

Aufnahme: Martin Promberger.

# Grundwissen Geländebeurteilung & Lawinengefahr

## Hangneigung

Die Steilheit des Geländes wird in Grad angegeben. 45° Grad Gefälle ist bereits extremes Skigelände und entspricht 100% Hangneigung. Tourengeher müssen die Steilheit eines Hanges einschätzen können, denn schon wenige Grad steiler oder flacher können darüber entscheiden, ob ein Hang lawinengefährdet ist oder nicht.

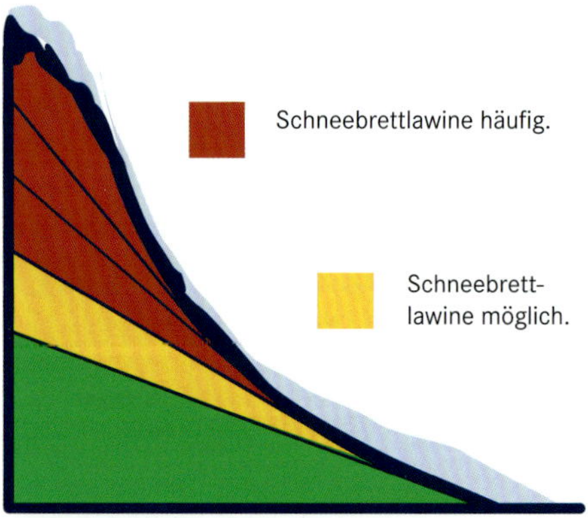


Die Hangneigung wird in Grad angegeben. Achtung: ein 45° steiler Hang entspricht 100% Gefälle, und das ist extremes Gelände.

Mit zunehmender Steilheit steigt die Auslösewahrscheinlichkeit und -bereitschaft von Lawinen. Im Normalfall lösen sich Lawinen ab einer Hangneigung von 30° oder mehr. Hänge, die steiler als rund 30° sind, werden als Steilhänge bezeichnet. Ab 35° spricht man von sehr steilen Hängen, und Gelände, das steiler ist als 40° ist so genannte Extremgelände. Hänge, die flacher sind als rund 30° werden als mäßig steil bezeichnet.

Entscheidend für die Geländebeurteilung ist nicht die Stelle, an der man sich befindet oder die befahren werden soll, sondern es muss immer die steilste Hangpartie mit einer Mindestfläche von ca. 10 x 10 m geschätzt oder gemessen werden.

## Faustregeln zum Einschätzen der Hangneigung

Felsdurchsetzte Steilhänge

Hänge, an denen (birnenförmige) Lockerschneelawinen losreißen und die Innenseiten von Moränen (Gletscherschuttwälle) sind zumeist mindestens 39° steil.

Hänge, die auch bei viel lockerem Neuschnee in schnellen Kurven abgefahren werden können, sind ungefähr 30° steil.

## Mit dem Stockpendeltrick kann die Hangneigung gemessen werden

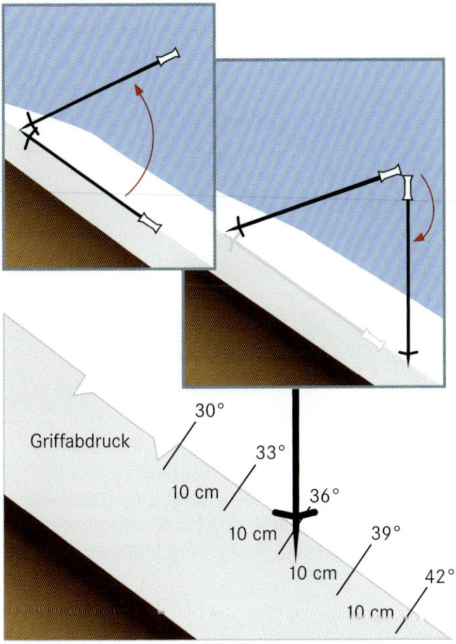


Eine schnell und einfach durchführbare Messmethode ist der Stockpendeltrick (von Hoffman & Huber). Hierbei wird die Hangneigung mit Hilfe zweier Skistöcke gemessen: Der erste Stock wird in der Falllinie (steilste Linie talwärts) mit dem Griff nach unten in den Schnee gelegt. Dann den Griff anheben, wobei die Stockspitze im Schnee bleibt. Griff des zweiten Stocks am Griff-Ende des ersten Stocks anlegen und den Stock frei pendeln lassen. Jetzt die Stöcke so lange absenken, bis der zweite Stock die Schneeoberfläche berührt, was die Hangneigung angibt: Trifft die Spitze den Griffabdruck, ist der Hang ungefähr 30° steil. Abweichungen um jeweils 10 cm nach unten bedeuten, dass das Gelände um jeweils 3° steiler ist, Abweichungen nach oben bedeuten je 10 cm 3° flacher.

**Tipps:** Eine zuverlässige Möglichkeit, die Hangneigung zu bestimmen, ist das Messen mit Hilfe einer speziellen Messschablone in der topographischen Karte. Eine weitere Messmöglichkeit ist ein elektronischer Hangneigungsmesser (inkl. Thermometer von der Firma Pieps).

## Hangexposition

Die Hangexposition bezeichnet die Himmelsrichtung, in die sich der Hang neigt: Ein Nordhang ist in Richtung Norden geneigt, ein Südhang in südliche Richtung, ein Westhang ... Die Hangexposition ist wichtig zur Beurteilung der Lawinengefahr, außerdem entscheidet die Exposition oft über die Schneequalität, ob man also eine genussvolle Abfahrt machen kann oder mit schlechten Schneebedingungen zu kämpfen hat. Im Extremfall ist der Schnee im schattigen Nordhang perfekt pulvrig, der Südhang hingegen höllisch, wenn sich durch Sonneneinstrahlung Bruchharsch gebildet hat.

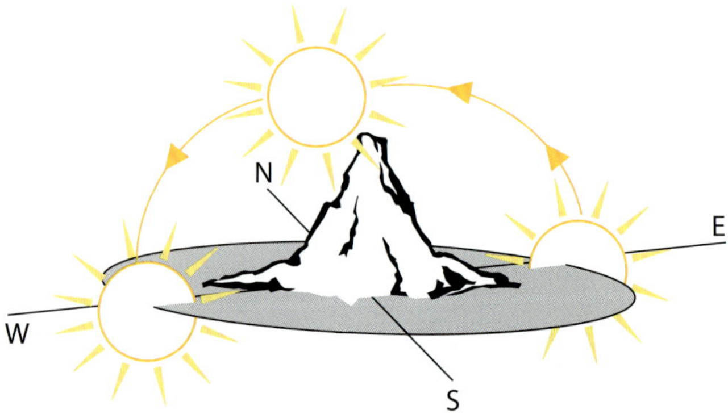


Die Hangexposition ist die Himmelsrichtung, in die der Hang abfällt. Morgens wird ein Osthang direkt von der Sonne beschienen. Um die Mittagszeit steht die Sonne am höchsten Punkt – die eingestrahlte Energie ist besonders hoch, Südhänge erhalten die intensivste Sonneneinstrahlung. Vom Nachmittag bis zum Sonnenuntergang werden Westhänge besonders intensiv bestrahlt.

Daher ist es wichtig, dass man in etwa abschätzen kann, wie viel Sonne ein bestimmter Hang schon erhalten hat.

Wenn die Sonne sichtbar ist, ist das Bestimmen der Hangexposition einfach. Ist die Sonne nicht sichtbar, ist ein Kompass oder GPS-Gerät sinnvoll, mit dessen Hilfe man schnell und einfach die Exposition jedes Hanges einschätzen kann. Gleiches gilt für die topographische Karte, da man mit ihrer Hilfe die Expositionen sämtlicher Hänge zuverlässig bestimmen kann.

Im Früh- und Hochwinter von November bis Ende Januar steht die Sonne sehr niedrig über dem Horizont, weshalb zur Sonne geneigte Steilhänge viel mehr Wärmeenergie erhalten als ebene Flächen. Die Folge davon ist, dass ein steiler Südhang (40°) an einem Tag so viel Sonne erhält wie ein Ost-Süd-Ost-Hang an zwei Tagen, ein Osthang an drei Tagen und ein Ost-Nord-Ost-Hang in sieben Tagen. Steile Nordhänge erhalten von November bis Januar keine direkte Sonnenstrahlung!

## Geländebeurteilung – Hangformen

Wer das Gelände lesen kann, ist in der Lage, seine Spur dem Gelände ideal anzupassen und findet die sicherste und lohnendste Aufstiegs- oder Abfahrtsroute. Die wichtigsten Geländeformationen sollte daher jeder Tourengeher kennen.

Aufnahme: Martin Promberger.

## Geländeeinschnitte und Sättel

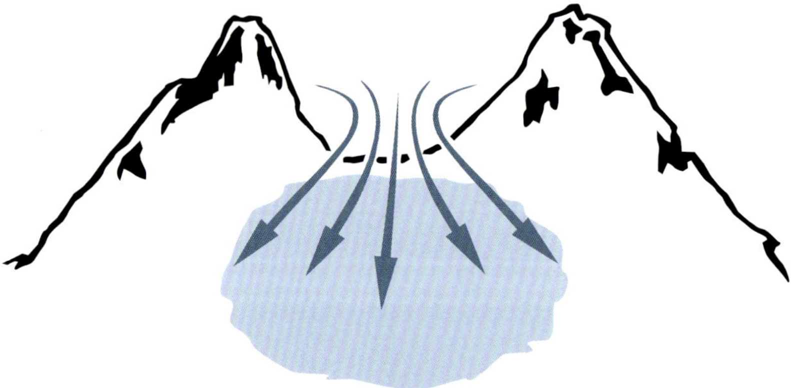

Geländeeinschnitte, -verengungen und Sättel verursachen eine Zunahme der Windgeschwindigkeit und damit der gefährlichen Schneeverfrachtung. Auf Windschattenseiten werden große Mengen Triebschnee abgelagert, weshalb an solchen Stellen häufig Lawinen ausgelöst werden.

Aufnahme: Martin Promberger.

## Rücken und Grate

Hinter Rücken und Graten bilden sich Wechten, die auf der Windschattenseite weit überhängen können. Der Schnee wird von der Windseite (Luv) in die Windschattenseite (Lee) transportiert.

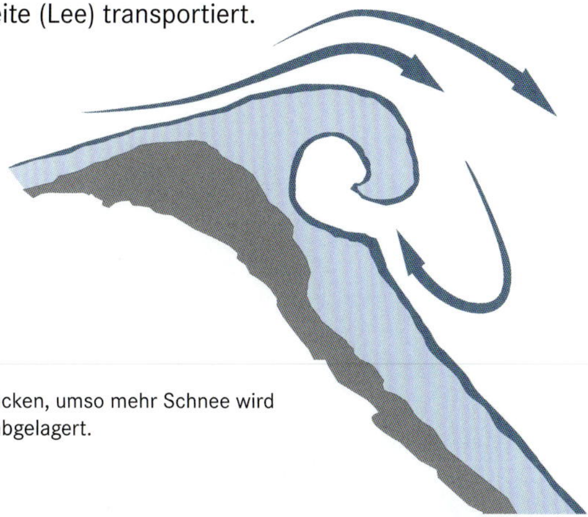

Je flacher und breiter die Rücken, umso mehr Schnee wird auf der Windschattenseite abgelagert.

Aufnahme: Martin Promberger.

## Rücken und Rinnen

Viele Hänge sind von Rücken und Rinnen durchzogen. Die Rücken sind oft nur dünn oder gar nicht schneebedeckt. Der Schnee befindet sich als gefährlicher Triebschnee in der Rinne. Die Seiten der Rinnen sind noch steiler als die eigentliche Rinne (Rinnenachse). Rinnen sind besonders lawinengefährdet!

Hangparallele Winde verfrachten den Schnee in die Windschattenseite (Lee) der Rinnen. Triebschneerinnen sind Lawinenbahnen! Rinnen sind riskanter als Rücken, wo der Schnee oft abgeblasen ist.

## Geländefallen

Gräben und Mulden können zu tödlichen Fallen werden, denn schon vergleichsweise kleine Lawinen können dich darin tief verschütten. Besonders ungünstig sind Flachstücke, Gräben und Senken am Ende von Steilhängen. Wenn von oben Lawinen ausgelöst werden, hat der am Hangfuß Stehende oft nur geringe Chancen zu entkommen.

Aufnahme: Martin Promberger.

## Ungegliederte Steilhänge

Ungegliederte Steilhänge sind steile Bergflanken, an denen die Schneedecke nur schwach abgestützt wird, weshalb ungegliederte Steilhänge mit großer Vorsicht zu genießen sind und nur bei sehr guten Verhältnissen mit geringem Risiko zu befahren sind.

Lawinenauslösungen in fast ungegliedertem, extrem steilem Hang.

Aufnahme: Christa Kramer.

Aufnahme: Martin Promberger.

## Kupiertes Gelände

Im stark gegliederten, kupierten Gelände finden Tourengeher oft ideale Aufstiegs- und Abfahrtsmöglichkeiten. Durch geschickte Linienwahl lässt sich meist eine kraftsparende, zugleich lawinengünstige Aufstiegsspur finden, und das kupierte Gelände bietet bei der Abfahrt alles, was das Herz des Tourengehers erfreut. Allerdings sollte man hierbei beachten, dass auf kleinen Flächen die Hangneigung und die Exposition wechseln können und daher günstige Hangabschnitte und mögliche Gefahrenstellen direkt aneinander grenzen.

Kupiertes Gelände macht oft den Anschein, lawinensicher zu sein. Große Lawinen machen auch in gestuftem und kupiertem Gelände nicht halt, und die Senken und Mulden können zur Falle werden.

## Gletscher

Die langsam fließenden Eismassen der Gletscher weisen fast immer Gletscherspalten und Spaltenzonen auf, die durch den Untergrund und die Bewegung der Eismassen entstehen. Gletscherspalten können sehr tief sein, und tückischerweise sind sie im Winter oft oberflächlich zugeschneit. Gerade im Frühwinter, bei starkem Tauwetter oder in schneearmen Wintern sind diese Schneebrücken oft sehr instabil und können leicht brechen. Ohne die Position der Spaltenzonen zu kennen und bei schlechter Sicht sind Gletscher sehr riskant.

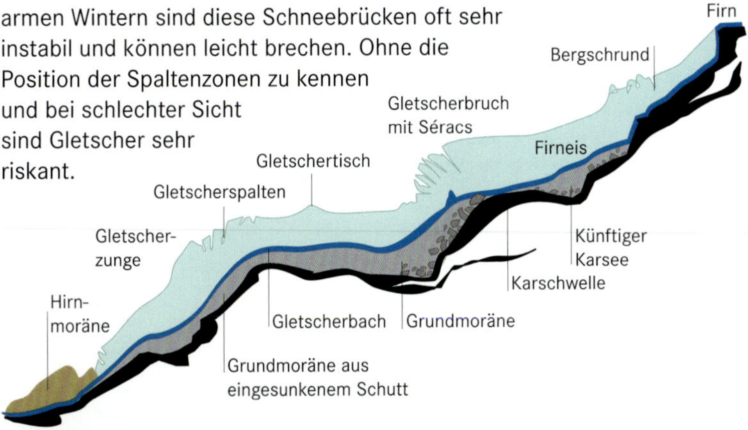

Aufnahme: Christa Kramer.

# Schneekunde: Schneearten und ihre Bedeutung für Tourengeher

Wird feuchte Luft in der Atmosphäre auf unter 0° C abgekühlt, bilden sich winzige Eiskristalle, die, je nach Entstehungsbedingungen unterschiedlich sind, jedoch immer eine sechseckige (hexagonale) Grundstruktur haben. Verbinden sich mehrere Kristalle miteinander, entstehen Schneeflocken. Besonders ergiebig schneit es oft bei Temperaturen um 0° C; wenn es sehr kalt ist, schneit es meist nur noch einzelne Kristalle.

## Pulverschnee/Triebschnee

Pulverschnee ist der bei Tourengehern beliebteste Schnee. Dieser Schnee fällt bei tiefen Temperaturen in kleinen Flocken, und da er zu mehr als 90% aus Luft besteht, ist Pulverschnee leicht und trocken.
Echter, also ungebundener Pulverschnee bildet die eher harmlosen Lockerschneelawinen, da er Spannungen nicht großflächig übertragen kann. Echter Pulverschnee zerfällt auf einer Schnee- oder Lawinenschau-

Aufnahme: Martin Promberger.

fel schon bei geringer Erschütterung. Fällt der Schnee unter Windeinfluss, was im Gebirge sehr oft vorkommt, ist er nicht mehr locker, sondern vom Wind verändert – und dadurch gebunden!
Die feinen Verästelungen der Schneekristalle sind sehr empfindlich, weshalb sie durch die Windeinwirkung abbrechen. Die Kristalltrümmer bilden eine dichtere – und daher gebundene Schneeschicht. Triebschnee kann zur tödlichen Falle werden, da er Schneebrettlawinen bildet. Auch bereits gefallener Pulverschnee kann durch Windeinwirkung in gefährlichen Triebschnee umgewandelt werden.

## Graupeln

Graupelkörner entstehen, wenn an Eiskristallen in der Luft Wassertröpfchen anfrieren, wodurch kleine lufthaltige Kügelchen entstehen.

## Nasser Schnee/Pappschnee

Schneefall bei milden Temperaturen ist aufgrund des hohen Feuchtigkeitsgehalts warmer Luft häufig intensiv und ergiebig, die Flocken sind dann feucht und schwer. Nasser Neuschnee bildet an sehr steilen Hängen nasse Lockerschneelawinen. Zugleich bedeutet der schwere Neuschnee eine Zusatzbelastung für die Schneedecke und kann kurzfristig deutlich gefahrenverschärfend wirken.

Aufnahme: Christa Kramer.

## Regen

Kommt es zu Regenfällen bis in mittlere oder sogar höhere Lagen, steigt die Lawinengefahr mit zunehmender Durchfeuchtung der Schneedecke stark an. Ist die Schneedecke durchfeuchtet – man sinkt ohne Ski tief in ihr ein – können überall Nassschneelawinen abgleiten, die oft als Grund- bzw. Bodenlawinen direkt auf der Grasnarbe oder auf glattem, felsigen Untergrund anreißen.

Aufnahme: Martin Promberger.

## Reif

Bei der Bildung von **Oberflächenreif** gefriert in klaren Nächten Feuchtigkeit aus der Luft an der kalten Schneeoberfläche an und bildet Eiskristalle. Oberflächenreifkristalle können sehr groß werden, sind aber extrem zerbrechlich. Wird Oberflächenreif von einer Neuschneeschicht eingeschneit, wirkt er wie ein Kugellager. Die oft nur wenige Millimeter dicken Reifschichten sind für viele Lawinenunfälle verantwortlich.

Aufnahme: Archiv Lawinenwarndienst Tirol.

Aufnahme: Christa Kramer.

## Raureif

Raureif wächst bei Nebel oder hoher Luftfeuchtigkeit an unterkühlten Gegenständen, z. B. Masten, gegen den Wind, weshalb man an diesen Reiffahnen die Windrichtung der letzten Zeit ablesen kann.

## Die Schneedecke

Der während des Winters fallende Schnee lagert sich als Schneedecke am Boden ab. Jeder Schneefall bzw. jede Schneeablagerung bildet eine eigene Schicht. Die Schneedecke besteht daher aus unterschiedlich dicken Schichten verschiedener Schneearten. Da Schneekristalle instabil sind, verändern sie sich von ihrer Entstehung bis zum Schmelzen laufend. Vier für Tourengeher wichtige Umwandlungsvorgänge werden unterschieden.

1. Umwandlung durch Wind und Druck ▷ Triebschnee
2. Abbauende Umwandlung ➤ Altschnee
3. Aufbauende Umwandlung ➤ Schwimmschnee
4. Schmelzumwandlung ➤ Sulzschnee, Wasser

## Umwandlung durch Wind: Triebschnee

Bevor die Schneekristalle den Boden erreichen, werden sie oft bereits in der Luft vom Wind zertrümmert und die Kristalle fallen als Bruchstücke zu Boden. Hier kann der Bodenwind die „Trümmer" weitertransportieren und als Triebschnee ablagern. Für Laien sieht Triebschnee dem Pulverschnee sehr ähnlich, allerdings reagiert er auf Belastungen völlig anders: Triebschnee ist spröde und neigt dazu, bei Zusatzbelastung zu brechen, da der dichte Triebschnee Spannungen schlecht ausgleichen kann. Windverfrachteten Neuschnee erkennt man daran, dass Skispuren gestochen scharf aussehen und zwischen den Skiern ein „Spursteg" stehen bleibt.

*Frische Triebschneeablagerungen sind immer schneebrettverdächtig und sollten im Steilgelände unbedingt umfahren werden! Schon eine geringe Zusatzbelastung kann genügen, eine Lawine auszulösen!*

Aufnahme: Martin Promberger.

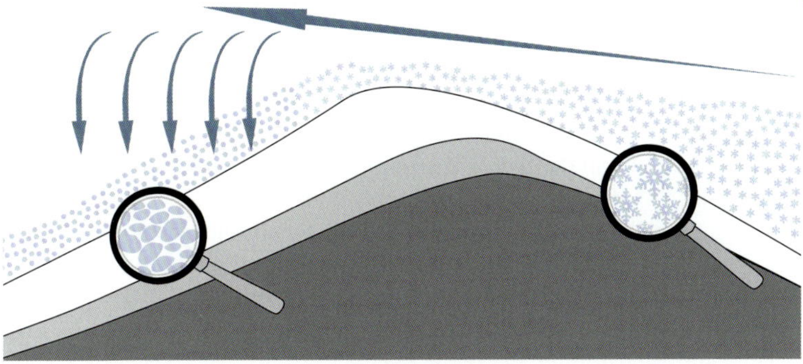

Wird Schnee vom Wind verfrachtet, zerbrechen die fragilen Verästelungen der Schneesterne und die (Schnee-)Trümmer werden als spröder, lawinengefährlicher Triebschnee im Windschatten abgelagert.

## Abbauende Umwandlung: Altschnee

Abbauende Umwandlung zeigt sich daran, dass sich die Schneedecke setzt, dichter und fester wird und man beim Laufen nicht mehr so tief einsinkt. Durch die abbauende Umwandlung werden die sechseckigen Sterne zu kleinen, rundlichen Kügelchen. Der Luftanteil der Schneedecke verringert sich immer mehr – die Altschneekörnchen berühren sich an vielen Stellen und gehen miteinander Verbindungen ein, wodurch die Schneedecke stabiler wird.
Die Geschwindigkeit der abbauenden Umwandlung hängt von der Temperatur ab: Bei tiefen, kalten Temperaturen läuft sie langsam ab, bei milden Temperaturen hingegen vergleichsweise schnell.

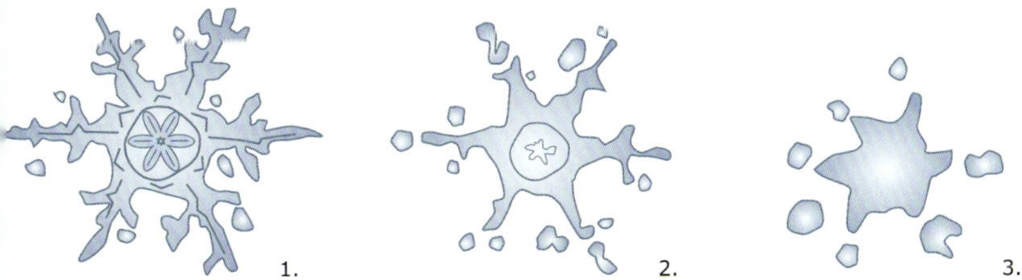


Abbauende Umwandlung: Aus den verästelten Schneesternen wird körniger Altschnee. Durch die abbauende Umwandlung setzt sich die Schneedecke und wird stabiler.

## Aufbauende Umwandlung: Schwimmschnee und Becherkristalle

In klaren Nächten kühlt die Schneeoberfläche durch Abstrahlung ab und wird vor allem während so genannter Strahlungsperioden immer kälter. Gleichzeitig bleibt der Erdboden vergleichsweise warm, so dass in der Schneedecke oft ein deutlicher Temperaturunterschied zwischen warmem Boden bzw. den direkt darüber lagernden Schneeschichten und der sehr kalten Schneeoberfläche besteht. Ist der Temperaturunterschied groß genug, beginnt der Altschnee am Boden zu verdampfen. Der Wasserdampf steigt auf und friert in kälteren Schneeschichten wieder an. Dort entstehen neue, große und kantige Kristalle, so genannter Schwimmschnee, und bei langem Wachstum große, hohle Becherkristalle. Diese Schneeart ist sehr instabil, da die Kristalle untereinander kaum verbunden sind. In der Schneeschicht am Boden entstehen Hohlräume.

Die aufbauende Umwandlung läuft in dünnen Schneedecken bei starkem Temperaturunterschied zwischen Schneeoberfläche und Boden besonders schnell ab. Solche Bedingungen herrschen oft im Hochwinter von Dezember bis Januar. Ein typischer **Schwimmschneewinter** war der Winter 2009/2010, der in weiten Teilen der Alpen durch tiefe Temperaturen, aber dünne Schneedecke geprägt war und folglich intensive aufbauende Umwandlung stattfand. Trotz ausgesprochen wenig Schnee blieb die Lawinengefahr lange Zeit des Winters hoch, und ungewöhnlich viele Tourengeher kamen in Lawinen ums Leben.

Aufbauende Umwandlung: Der Altschnee am Boden verdampft. An kälteren Schneeschichten friert der Wasserdampf wieder an. Es wachsen neue (Becher-)Kristalle: Diese können bei ungestörtem Wachstum mehrere Zentimeter groß werden. Fällt Neuschnee auf ein ausgeprägtes Schwimmschnee-Fundament, herrscht oft für lange Zeit Lawinengefahr!

Die meist dünneren Schneedecken der schneearmen inneralpinen Regionen sind zumeist deutlich instabiler als die dickeren Schneedecken der schneereichen Gebiete des Alpennord- oder -südhanges.

**Merksatz:** Dünne Schneedecken im Hochwinter (Dezember/Januar) in Verbindung mit kaltem und sonnigem Wetter sind besonders tückisch, da die aufbauende Umwandlung die Schneedecke gefährlich instabil werden lässt.

## Die Schmelzumwandlung: Tauwetter

Im Frühjahr oder anderen Tauwetterphasen regiert in der Schneedecke das Wasser. Ab einer Temperatur von 0° C schmelzen die Schneekristalle an. Die Schneekörner werden dabei noch runder, und die Schneedecke setzt sich weiter. Dauert die Wärmephase an, kann der Schnee das viele Wasser nicht mehr halten, und das Wasser sickert durch die Schneedecke zu Boden. Die Schneeoberfläche wirkt jetzt wellig und bucklig. Durch das Verschwinden der Kornbindungen wird der Schnee zu einer breiigen Masse. Kommt es an einer wasserundurchlässigen Schicht zu Schmelzwasserstau – z. B. am Boden oder einer Eisschicht –, entsteht eine mögliche Lawinen-Gleitbahn. Vorsicht: Bei durchnässter Schneedecke sind Lawinen auch im mäßig steilen Gelände, das flacher als 30° ist, möglich!

Schmelzwasserstau am Boden oder einer Eisschicht lässt eine mögliche Lawinengleitbahn entstehen. Eine durchfeuchtete Schneedecke ist ein Alarmzeichen!

Gefriert die Schneeoberfläche in einer klaren Nacht wieder, entsteht

Aufnahme: Martin Promberger.

Harsch. Während der nächtlichen Abkühlung dringt die Kälte jedoch nicht tiefer als 10 – 20 cm in die Schneedecke ein. Weicht die oberste Schicht des Harschdeckels im Tagesverlauf auf, entsteht der beliebte Sulzschnee. Bei weiterer Erwärmung weicht jedoch die tragende Schicht auf, und man sinkt tief im so genannten Faulschnee ein, da die Schneedecke unter dem Harschdeckel bereits feucht oder sogar nass ist. Jetzt herrscht Lawinengefahr!

Dieser Wechsel von Tauen und Wiedergefrieren ist typisch für das Frühjahr. Im Hochgebirge, vor allem auf Gletschern, kann Schnee diesen Wechsel von Tauen und Wiedergefrieren sehr lange mitmachen. Sulzschnee, der älter als ein Jahr ist, wird Firn genannt.

Für Tourengeher ist, insbesondere im Frühjahr, das richtige Timing unverzichtbar: das heißt, dass man die Abfahrt idealerweise beginnt, wenn die obersten Zentimeter des Harschdeckels aufgesulzt (viele nennen dies „auffirnen“) sind, der darunter sich befindende Harschdeckel noch tragfähig ist.

Aufnahme: Christa Kramer.

# Lawinenkunde

Die Lawinen werden nach Anrissform, Bewegungsart, Lage der Gleitschicht und Lawinenmaterial benannt und unterschieden. Für Tourengeher genügt es, zwischen Lockerschneelawinen und Schneebrettlawinen sowie trockenen und nassen Lawinen zu unterscheiden.

Lockerschneelawinen reißen an sehr steilen Hängen (> 39°) an. Voraussetzung für Lockerschneelawinen ist ungebundener Schnee, z. B. „echter“ Pulverschnee oder durchfeuchteter Alt-/Neuschnee. Von einem punktförmigen Anriss wird die Lawine mit zunehmender Länge größer und schneller. Charakteristisch für Lockerschneelawinen ist ihre „Birnenform“.

Lockerschneelawine

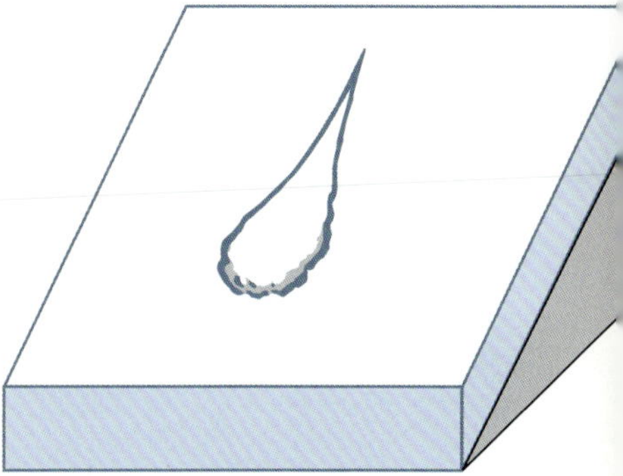

Schneebrettlawine

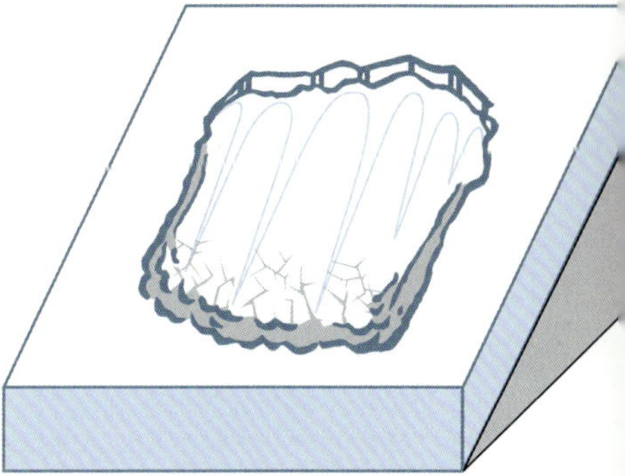

## Katastrophenlawinen

Kommt es zu Lawinenabgängen, bei denen Menschen getötet oder Häuser und Straßen zerstört werden, spricht man von Katastrophenlawinen. Im Winter 1998/99 lösten sich nach extremen Schneefällen ungewöhnlich viele und sehr große Staublawinen, wodurch in Häusern oder auf Straßen in den Alpen mehr als 70 Menschen ums Leben kamen. Insgesamt starben in Europa in diesem Lawinenwinter 160 Menschen durch Lawinen. Im schneearmen Schwimmschneewinter 2009/10 kamen 155 Wintersportler durch Lawinen ums Leben.

Aufnahme : Ludwig Rasser.

Katastrophenlawine vom Kitzsteinhorn am 29. März 2000 mit 12 Todesopfern.

## Staublawinen

Staublawinen entstehen aus Lockerschneelawinen oder Schneebrettern, wenn ihre Sturzbahn lang und über 40° steil ist. Die Lawine entwickelt sich dabei zu einem Gemisch aus Schnee und Luft und kann Geschwindigkeiten von mehr als 300 km/h erreichen. Staublawinen entwickeln eine ungeheure Druckwelle und können die Zerstörungskraft von Wirbelstürmen erreichen. Staublawinen können weit am Gegenhang emporsteigen. Die Ursache für große Staublawinen sind meistens extrem ergiebige Schneefälle.

Aufnahme: Archiv Lawinenwarndienst Tirol.

## Nassschneelawinen

Nassschneelawinen gleiten oft als nasse Grundlawinen ab und sind besonders zerstörerisch. Sie brechen bei Tauwetter los und folgen in der Regel den bekannten Sturzbahnen (Lawinenzügen oder – strichen). Da man Nassschneelawinengefahr leicht vorhersagen kann, fordern nasse Grundlawinen aufgrund vorbeugender Sperrung von Verkehrswegen nur selten Menschenleben. Für Tourengeher sind Nassschneelawinen vor allem im Frühjahr ein Problem, und um der Lawinengefahr zu entgehen,

müssen bei hohen Temperaturen Frühjahrsskitouren oft sehr früh beendet werden. Achtung: Das gilt auch für Hüttenzustiege!
Nassschneelawinen bewegen sich meist vergleichsweise langsam fort, dafür reißen sie alles mit, was in ihrem Weg steht: Bäume, Steine oder Gebäude. Aufgrund ihrer riesigen Masse hinterlassen Nassschneelawinen die größten Lawinenablagerungen.

## Lockerschneelawinen

Lockerschneelawinen lösen sich oft während oder kurz nach Schneefällen an sehr steilen Hängen mit mindestens 39° Hangneigung. Nasse Lockerschneelawinen entstehen auch im Frühjahr an Hängen mit starker Sonneneinstrahlung bei sehr nassem Schnee sowie bei nassem Neuschnee oder Regen.
Lockerschneelawinen reißen an einem Punkt an und werden mit zunehmender Länge schneller und breiter. In ihrer Form ähneln sie häufig einer Birne. Damit es zur Bildung von Lockerschneelawinen kommen kann, darf die oberste Schneeschicht nur wenig Zusammenhalt aufweisen – also nicht gebunden sein. Lockerschneelawinen reißen meist nur die oberste Schneeschicht mit, und ihre Schneemenge ist selten groß, weshalb Lockerschneelawinen äußerst selten Tourengeher verschütten. Allerdings genügt die Kraft einer Lockerschneelawine, um Menschen im Steilgelände mitzureißen.

Lockerschneelawine von der Mandlwand am 25. Februar 2009.
Aufnahme: Hans Neumayer.

Aufnahme: Martin Promberger.

## Schneebrettlawinen

Schneebretter sind die Hauptgefahr für Tourengeher und für den größten Teil aller Lawinenopfer verantwortlich. Schneebretter lösen sich bei trockenem Schnee in Hängen, die 30° oder steiler sind. Schneebretter aus nassem, durchfeuchtetem Schnee können sich auch an ziemlich flachen Hängen lösen.

Tückischerweise ist die Schneebrettgefahr häufig nicht erkennbar, denn lawinengefährdete und lawinensichere Hänge gleichen sich optisch oft wie ein Ei dem anderen, und bei den Eiern erkennt man faule auch erst, wenn man sie aufmacht. Dieses „Aufmachen“ bzw. Testen der Hänge kann tödlich sein, daher müssen Tourengeher viel über die Entstehung, Auslösung und Vermeidung von Schneebrettern wissen. 95 % der von Lawinen getöteten Wintersportler haben „ihre“ Lawine selbst ausgelöst, weshalb die Lawinengefahr frühzeitig erkannt werden muss, das heißt, bevor ein Schneebrett ausgelöst wird. Schneebretter sind mit gespannten Fallen vergleichbar. Im Moment der Auslösung schlägt die Falle mit voller Kraft zu. Der Schneebrettanriss ist dabei linienhaft, und der Schnee gleitet in Schollen zerbrochen auf der Gleitfläche ab.

Aufnahme: Christa Kramer.

## Spannung, Gefahrenstellen und Inseln der Sicherheit

Bei Schneefall mit Wind wird der Neuschnee sehr ungleichmäßig abgelagert. Dadurch entstehen Hangbereiche, an denen die Schneedecke ihr eigenes Gewicht nicht tragen kann. An solchen Schwachstellen treten Spannungen auf, die größer sind als die stabilisierende Haftreibung zwischen den Schneeschichten. Oft löst sich an solchen Stellen, den so genannten Hot-Spots, spontan ein Schneebrett und gleitet als Lawine ab. Häufig passiert es aber auch, dass das Schneebrett noch an den Seiten oder oben hängt bzw. von unten abgestützt wird und nicht abgleitet: Das Schneebrett „hängt“ als gespannte Falle im Hang.

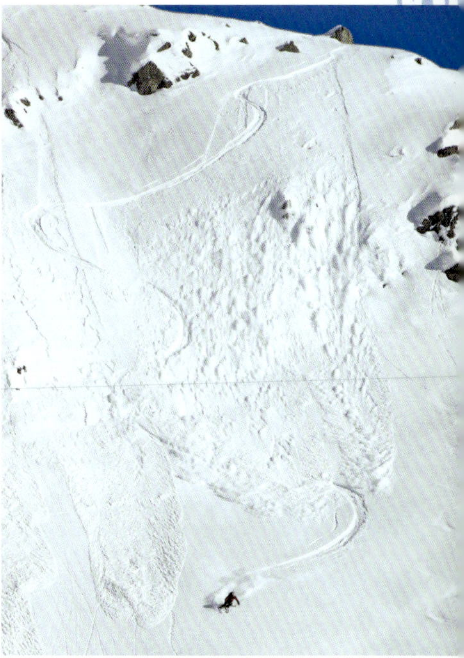

Lockerschneelawine aus aufbauen umgewandeltem, lockerem Altschnee.

Jeder unpräparierte Hang gleicht einem Flickenteppich. Stabile Hangpartien, mittlere und Hot-Spots grenzen oft direkt aneinander. Je ungünstiger die Lawinensituation ist, umso größer und zahlreicher werden die Hot-Spots.

„Das Wesen der Schneedecke ist ihre Unregelmäßigkeit.“ *Werner Munter*

Die Schneekristalle einer Schneedecke setzen sich durch die abbauende Umwandlung und die Schmelzumwandlung. Zusätzlich bewegen sich die Schneekristalle dabei ein Stückchen hangabwärts. Diese Bewegung der Schneekristalle wird kriechen genannt. Die verschiedenen Schichten der Schneedecke bewegen sich dabei mit unterschiedlichen Geschwindigkeiten: Die oberste Schicht ist die schnellste. Hierdurch entsteht eine Spannung zwischen den verschiedenen Schneeschichten, die so gennante

Scherspannung. Der Spannung wirkt die Reibung zwischen den Schneeschichten, die Haftreibung, entgegen.

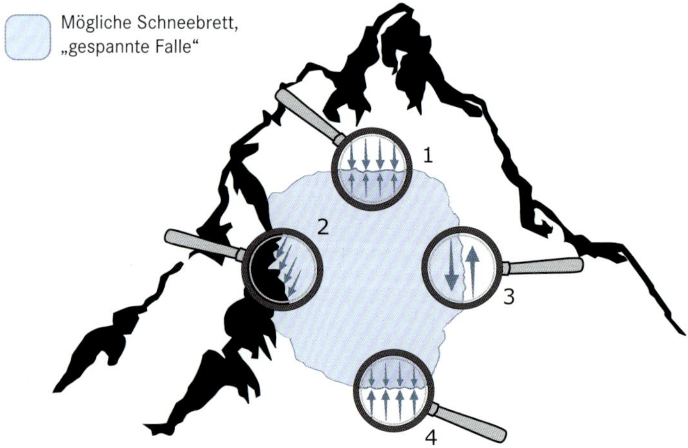


Das Kriechen des Schnees verursacht neben der Scherspannung (3) noch weitere Spannungen im Hang: Zugspannungen (1) im oberen Hangbereich und Druckspannungen (4) am Hangfuß. In diesen Bereichen ist die Schneedecke besonders störanfällig. (2) Seitliche Scherfestigkeit und Verankerung an Felsen.

**Merksatz:**

- Ein Hangbereich ist stabil, wenn die Haftreibung größer als die Spannung ist.
- Ein Hangbereich ist in einem gefährlichen Gleichgewicht, wenn Haftreibung und Spannung in etwa gleich groß sind.
- Ein Hangbereich ist eine gespannte Falle, wenn die Reibung kleiner ist als die Spannung.

Befindet sich in der Schneedecke eine Schwachschicht, z. B. Schwimmschnee, eingeschneiter Oberflächenreif, Eis oder Harsch, wird die Haftreibung stark reduziert und eine mögliche Lawinengleitbahn ist vorhanden. Leider befinden sich

Die Haftreibung ist die Verbindung zwischen den verschiedenen Schneeschichten.

in nahezu jeder Schneedecke mögliche Lawinengleitbahnen.

**Merksatz**: Zur Auslösung eines Schneebretts braucht es eine schwache Schicht unter einer gebundenen, wenig verformbaren festeren Schicht, z. B. vom Wind verfrachteten, gebundenen Pulverschnee über eingeschneitem Oberflächenreif oder hartem, glattem Altschnee.

Ein instabiler Hangabschnitt muss sich nicht spontan lösen, wenn andere stabilere Teilflächen die Spannungen auffangen. Kommt es jetzt aber zu einer Zusatzbelastung durch Tourengeher, kann von diesem Hot-Spot ein

Gleitschneeriss, ein so genannter. „Fischmaul“. Solche Gleitschneeanrisse können sich jederzeit, unabhängig von der Tageszeit oder der Temperatur, als Gleitschneelawine in Bewegung setzen. Entgegen der weit verbreiteten Lehrmeinung sind solche Gleitschneeanrisse kein günstiges Zeichen für entspannte Schneedecken, sondern ungünstig zu bewerten!
Aufnahme: Lea Hartl

Bruch (= Initialbruch) ausgehen. Der Bruch pflanzt sich rasend schnell fort, bis das Schneebrett gelöst ist und in Schollen abgleitet. Bei der Bruchfortpflanzung und der Lawinenauslösung entstehen große Kräfte, was erklärt, weshalb durch die Lawine auch ziemlich stabile Hangbereiche als Schneebrett mitgerissen werden.

Bei großer Lawinengefahr kann schon ein einzelner Tourengeher im flachen Vorgelände einen Bruch auslösen. Wenn man aufmerksam ist, hört man vielleicht ein dumpf dröhnendes „Wumm". Dieses „Wumm" bedeutet Lebensgefahr und entsteht, wenn in der Schneedecke eine tragende Schicht kollabiert. Dieser Bruch in der Schneedecke pflanzt sich unsichtbar fort, bis er möglicherweise in einem steilen Hang ein Schneebrett auslöst.
**Achtung:** Spuren in einem Hang sind kein Beweis dafür, dass der Hang wirklich stabil ist. Sei daher misstrauisch gegenüber vorhandenen Spuren, denn vielleicht wurden nur zufälligerweise die Lawinen-Hot-Spots nicht getroffen oder möglicherweise ist die Auslösebereitschaft durch Temperaturanstieg angestiegen ...

Erst wenn ein Hang so stark verspurt ist, dass kein Schwung mehr im unverspurten Schnee möglich ist, darf er als lawinensicher gelten. Achtung: Dies gilt nicht im Frühjahr und generell nicht bei durchnässter Schneedecke!
Ob die Schneedecke bricht oder nicht, ist auch von der Geschwindigkeit abhängig, mit der die Zusatzbelastung einwirkt. Schnee verhält sich bei langsamer Belastung ziemlich plastisch, wie dickflüssiger Honig ist Schnee dehn- und verformbar. Erst wenn die Zusatzbelastung zu schnell, das heißt mit der kritischen Deformationsgeschwindigkeit einwirkt, entsteht der endgültige Bruch in der Schneedecke. Jeder, der bereits in tiefem Neuschnee gespurt hat, weiß, dass man tief einsinkt und viel Kraft verbraucht, wenn man mit voller Kraft auftritt. Erfolgt die Zusatzbelastung schockartig – z. B. durch Sturz oder einen Sprung über eine Wechte –, kann die Stabilität bis auf 1/10 der ursprünglichen Festigkeit abnehmen.

Wenn die Zusatzbelastung groß genug ist, ist nahezu jede Schneedecke jedes Steilhanges als Lawine auslösbar. Daher sollte die Schneedecke ab „erheblicher" Lawinengefahr – und erst recht bei akuten Alarm- bzw.

Aufnahme: Archiv Lawinenwarndienst Bayern.

Gefahrenzeichen oder dem berühmten unguten Gefühl – bestmöglich geschont werden, indem man die Zusatzbelastung beim Abfahren oder Aufsteigen so weit als möglich reduziert. Glücklicherweise ist Schnee im Unterschied zu Ziegelsteinen in der Lage, Spannungen aufzunehmen und auszugleichen, da er verformbar ist. Sogar mächtige Triebschneeablagerungen können sich im Lauf der Zeit gut verfestigen.

Aufnahme: Christa Kramer.

## Neuschnee und Lawinengefahr

**Merksatz:** Jeder Schneefall erhöht die Lawinengefahr!
Entscheidend dafür, wie stark die Lawinengefahr zunimmt, sind z. B. die Intensität des Schneefalls und des Windes, die Temperatur und die Altschneeunterlage, auf die der Neuschnee fällt. Je schneller der Schnee fällt, umso ungünstiger ist dies für die Entwicklung der Lawinengefahr. Ab einer bestimmten Menge wird die so genannte kritische Neuschneemenge erreicht. Wird die kritische Neuschneemenge erreicht oder sogar überschritten, herrscht mindestens erhebliche Lawinengefahr (Warnstufe 3).
Bei Schneefall unter günstigen Bedingungen muss ab 30-60 cm Neuschnee mit einer ungünstigen Lawinensituation gerechnet werden.

**Günstige Bedingungen sind:**

- Regen, der in Schnee übergeht.
- Milde Temperatur – vor allem zu Beginn des Schneefalls +/−0°.
- Regelmäßig und oft befahrene Hänge, z. B. Modetour oder Varian tenabfahrten in Skigebieten: Durch das Befahren wird die Schnee decke verfestigt und der Hang stabilisiert, hinzu kommt, dass die alten Spuren als Widerhaken wirken und den Neuschnee „veran kern".

  Bei Schneefall unter sehr ungünstigen Bedingungen kann bereits bei 10-20 cm Neuschnee die kritische Neuschneemenge erreicht werden.

**Ungünstige Bedingungen sind:**

- Stürmischer Wind.
- Sehr kalte Temperaturen, unter −8° C.
- Oberflächenreif, Harsch, Eis oder sehr alter Schnee als Unterlage für den Neuschnee.
- Selten befahrene Hänge des Tourengeländes.

Ab einem Neuschneezuwachs von 20 – 30 cm muss unter mittleren Bedingungen, also wenn sowohl günstige als auch ungünstige Anzeichen vorkommen mit einer gefährlichen Lawinensituation gerechnet werden. Wird die kritische Neuschneemenge erreicht oder überschritten, ist das immer ein Alarmzeichen für Lawinengefahr. In jedem Fall gilt, dass die Gefahr

Aufnahme: Martin Promberger.

mindestens die nächsten Tage anhält, bis sich der Neuschnee ausreichend mit der Unterlage verbunden hat.
Besonders unfallträchtig ist der erste schöne Tag nach mehreren Tagen Schlechtwetter. Wer an solchen Tagen auf Skitour geht, muss seine Gefahrensensoren auf Alarm stellen, alle Warnzeichen erkennen und im Zweifelsfall bereit sein zu verzichten.

## Wind und Lawinengefahr

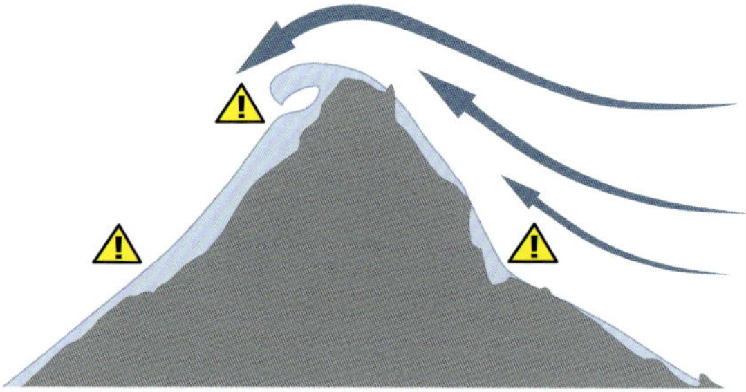

Die Windseite (Luv) weist meist eine deutlich dünnere Schneedecke auf als die Windschattenseite (Lee). Hier befinden sich große und mächtige Triebschneeansammlungen. Achtung: Auch auf der Windseite sind Triebschneeansammlungen häufig – besonders unterhalb von Steilstufen sowie in Rinnen und Mulden. Je flacher die Windseite, umso mehr Triebschnee wird in die Lee-Seite verfrachtet. Je steiler der Luv-Hang, desto mehr Triebschnee wird in den Windhang gepackt.

Wind ist der Baumeister der Schneebretter und damit der Fallensteller. Denn Wind ist in der Lage, riesige Mengen Schnee zu transportieren, und je stärker der Wind ist, umso mehr Schnee wird verfrachtet – umso größere Triebschneeansammlungen sind zu erwarten. Mäßiger bis starker Wind verursacht Schneefegen und dadurch große Triebschneeansammlungen. Geländeeinschnitte wie Pässe oder Sättel verursachen Düseneffekte, was die Schneeverfrachtung stark erhöht, weshalb an solchen Stellen häufig Lawinen ausgelöst werden.

**Merksatz:** Nach starken Schneefällen unter Windeinfluss sind in allen Hangrichtungen Triebschneefallen zu erwarten. Zum Glück lässt sich die lokale Windrichtung anhand der Windzeichen auf der Schneeoberfläche bestimmen, wodurch man abschätzen kann, wo die größten Triebschneeansammlungen zu erwarten sind.

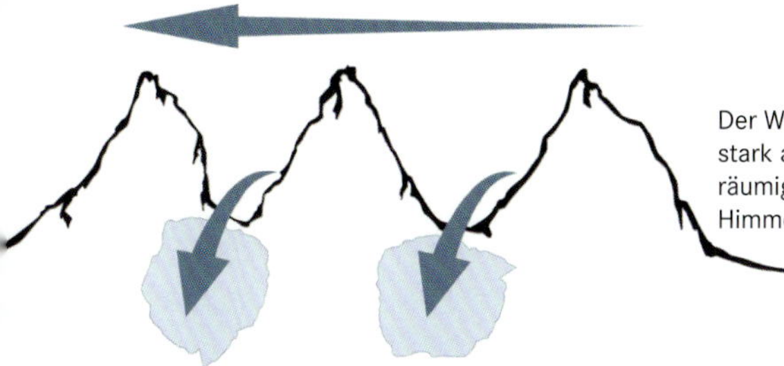

Der Wind wird im Gebirge häufig stark abgelenkt. Der Wind kann kleinräumig – je nach Gelände – aus allen Himmelsrichtungen wehen.

Aufnahme: Ludwig Rasser.

## Wechten

Wechten krönen die gefährlichen Windschattenhänge. Die überhängende Wechte zeigt dabei die Seite an, wo der Triebschnee abgelagert wurde. Unter der Wechte befindet sich der oft störanfällige Triebschneekeil. Riesige Schneemassen befinden sich an der steilsten Stelle des Hangs. Zum Hangfuß wird die Schneedecke dünner, hier ist sie nur schwach abgestützt.

Aufnahme: Gitta Poebing.

Aufnahme: Gitta Poebing.

## Wellen und Dünen

Wellenstrukturen auf der Schneeoberfläche sind das Ergebnis starker Schneeverfrachtung. Kräftiger Wind hat große Mengen Triebschnee entstehen lassen. Der Wind weht dabei im rechten Winkel zu den Wellen. Die flache Seite der Wellen und Dünen zeigt in Windrichtung, und die steil abfallende Seite liegt im Windschatten. Hier handelt es sich nicht um Pulverschnee, denn der Schnee ist durch die Windeinwirkung bereits gebunden. Achtung, Lawinengefahr!

Der Wind weht rechtwinklig zu den Wellenkämmen – Achtung: Triebschnee! Die steil abfallende Seite liegt im Windschatten.
Aufnahme : Archiv Lawinenwarndienst Tirol

## Windgangeln / Zastrugis

Windgangeln, auch Zastrugis genannt, sind vom Wind herausgefräste Vertiefungen in der Schneeoberfläche. Im Gegensatz zu den Wellen zeigen die steilen Seiten der Windgangeln gegen den Wind: „Sie haben dem Wind die Stirn geboten." Sie sind oft hart und unangenehm zu befahren.

Starker Wind hat die Windgangeln/Zastrugis in die Schneedecke gefräst. Die härtesten Bestandteile blieben stehen: Sie haben dem Wind die Stirn geboten. Die steile Seite zeigt gegen den Wind.

„Windgangeln“ Aufnahme: Martin Promberger.

## Rücken, Grate und Rinnen

Schneearme Rücken und Grate sind stark dem Wind ausgesetzt und sogar im Hochwinter oft schneefrei. Hier fegt der Wind mit besonders großer Kraft und Geschwindigkeit darüber und verfrachtet den Schnee in Rinnen, Mulden und andere Vertiefungen. Es kann fatal sein anzunehmen, es liege sowieso kaum Schnee, daher würde auch keine Lawinengefahr bestehen. Tatsächlich liegt in Rinnen und Mulden oft meterhoher, auslösebereiter Triebschnee.

Ein Schönwettersturm hat die Rücken abgeblasen und den Schnee auf die Leeseite verfrachtet sowie in die Rinnen und Mulden gepresst. Auch in den luvseitigen Rinnen befinden sich mächtige Triebschneepakete.

Aufnahme: Baschi Bender.

## Sonne, Temperatur und Lawinengefahr

Die Geschwindigkeit, mit der die Verfestigung und Umwandlung der Schneedecke erfolgt, ist von der Temperatur abhängig (➤ S. 22ff): Je milder die Temperaturen, umso schneller erfolgt die abbauende Umwandlung oder sogar die Schmelzumwandlung. Daher stabilisiert sich der Schnee in Sonnenhängen schneller als in Schattenhängen, die nur wenig oder gar keine direkte Sonneneinstrahlung erhalten. Nach Schneefällen verursacht die Erwärmung des Schnees kurzfristig einen Anstieg der Lawinengefahr, weshalb nach Starkschneefällen in Sonnenhängen mit dem Abgang spontaner Lawinen gerechnet werden muss – nächtliches Wiedergefrieren stabilisiert die Schneedecke.

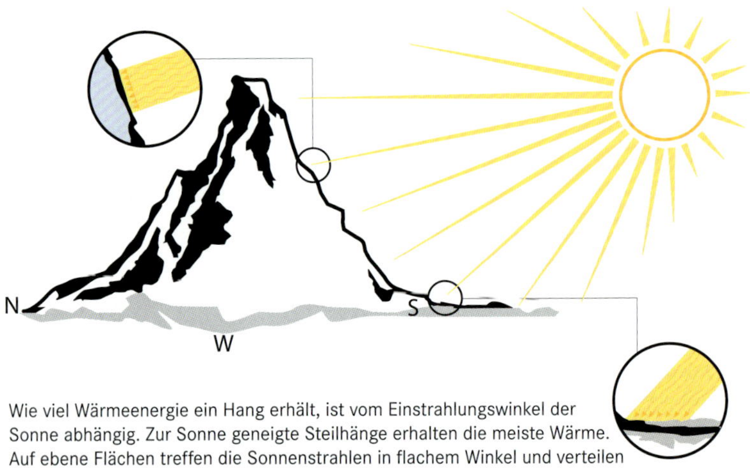


Wie viel Wärmeenergie ein Hang erhält, ist vom Einstrahlungswinkel der Sonne abhängig. Zur Sonne geneigte Steilhänge erhalten die meiste Wärme. Auf ebene Flächen treffen die Sonnenstrahlen in flachem Winkel und verteilen sich auf eine größere Fläche – die Wärmeenergie ist viel geringer. Schattenhänge erhalten im Hochwinter keine (!) direkte Sonneneinstrahlung.

Auf der Schneeoberfläche von Schattenhängen bilden sich oftmals dicke Reifschichten. Wird eine Oberflächenreifschicht eingeschneit, bildet sie eine gefährliche Lawinengleitschicht. Steile Schattenhänge sind mit Abstand die gefährlichsten Hänge. Hier lockt der Pulverschnee, aber auch der Tod lauert in den steilen Nordwest-, Nord-, Nordost- und Osthängen. Erschwerend kommt hinzu, dass es in den Schattenhängen häufig zu starker aufbauender Umwandlung kommt: Das Fundament der Schneedecke wird durch den Schwimmschnee gefährlich instabil.

## Faustregeln

Lang andauernde Kälte konserviert Gefahren! Die Schneedecke verfestigt sich nur langsam. Bei niedriger Schneehöhe besteht die Gefahr, dass aufbauende Umwandlung die Schneedecke noch instabiler werden lässt.

Langsamer, maßvoller Temperaturanstieg bei trockener Schneedecke lässt die Lawinengefahr sinken, die Schneedecke setzt und entspannt sich.

Schnelle und starke Erwärmung durch Tauwetter, Föhn oder Regen verschärft die Gefahr.

Nach Schneefall bei kalten Temperaturen verursacht Temperaturanstieg eine Verschärfung der Lawinengefahr.

Abkühlung und Wiedergefrieren verfestigten eine feuchte Schneedecke und reduzierten die Gefahr. Allerdings muss die Nacht so kalt gewesen sein, dass der Harschdeckel stabil genug ist, dass man nicht durchbricht. Wenn Wärme den Schnee wieder weich werden lässt, steigt auch die Lawinengefahr an.

Aufnahme: Baschi Bender.

# LÖSUNG MIT DEM PIEPS

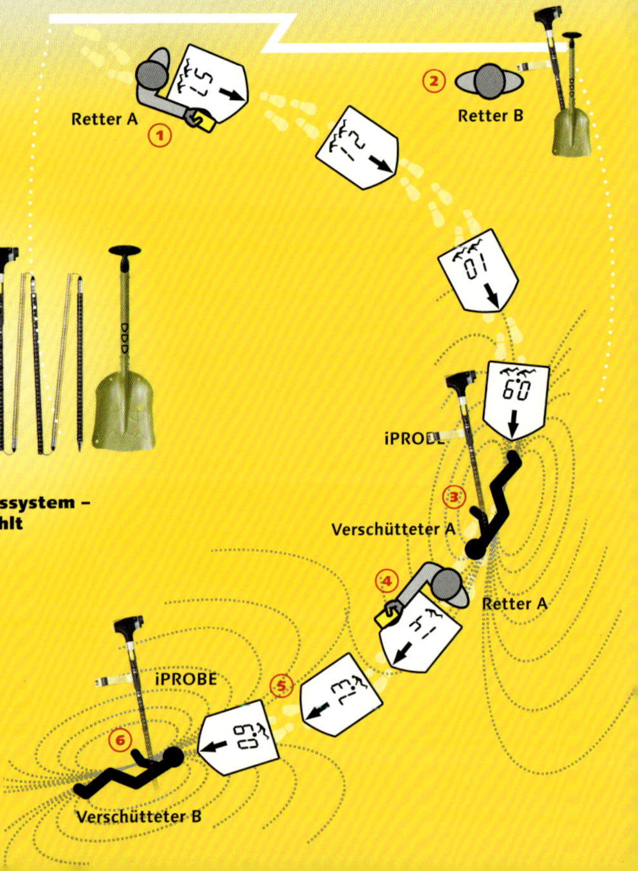


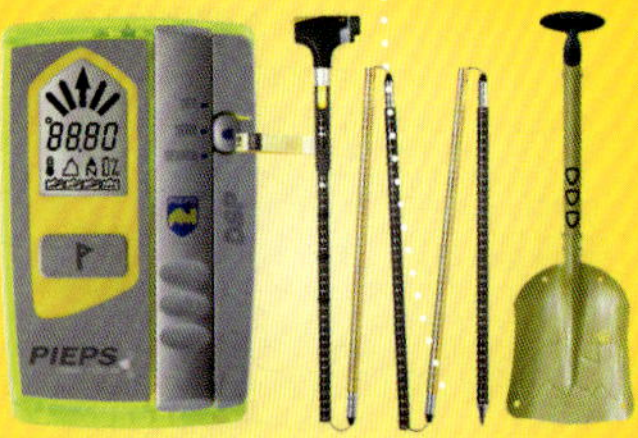


**PIEPS Sicherheitssystem – jede Sekunde zählt im Ernstfall!**

# Risiko-Management

Bis Mitte der 1990er-Jahre gab es keine Methode, die einen zuverlässigen Risiko-Schnell-Check eines Einzelhangs ermöglichte. Die bis dahin gelehrten Schneedeckenuntersuchungsmethoden wie Schneeprofile und Rutschkeiltests hatten sich als ungeeignet erwiesen, um die Lawinengefahr eines Einzelhanges zu ermitteln. Die Trefferquote dieser Schneedeckentests war zu niedrig, ihre Ergebnisse manchmal sogar völlig falsch – katastrophale Lawinenunfälle waren die Folge! Schneedeckenuntersuchungen können nichts über die Belastbarkeit eines gesamten Hanges aussagen, sondern ihre Ergebnisse sind nur für die untersuchte Stelle gültig.
Auf der Suche nach einer Methode, die von jedermann in kurzer Zeit verstanden und angewendet werden kann, entwickelte der Schweizer Bergführer und Lawinenexperte Werner Munter die 3x3-Filter- und die Reduktionsmethode. Munters regelbasierte neue Lawinenkunde ersetzte die bis dahin gängige Lawinenkunde und ist die Grundlage aller heute angewendeten Risiko-Check-Methoden. Mit dieser praktischen Lawinenkunde kann jeder **sein Risiko** flexibel selbst managen, das heißt, man entscheidet selbst, wie viel man riskieren möchte. Dazu muss man nicht wissen, welche Umwandlungsvorgänge in der Schneedecke ablaufen, und das Graben von Schneeprofilen ist Schnee von gestern. Es geht jetzt nicht mehr darum, mit Hilfe von Schneeprofilen und Schneedeckentests die Schwachschichten der Schneedecke zu analysieren.
Heute genügen zur Beurteilung der Lawinengefahr und für eigenverantwortliche Risikoentscheidungen der **Lawinenlagebericht**, das **Beobachten der Schneeoberfläche** und die **Geländebeurteilung** sowie der Faktor **Mensch**. Für Tourengeher geht es in der Praxis darum, richtig zu entscheiden, ob das Risiko einer Lawinenauslösung gering, das heißt vertretbar, oder zu groß ist. Doch eines hat sich nicht geändert: Keine Methode kann hundertprozentige Sicherheit garantieren.

## Alarmzeichen für Lawinengefahr

Spontane Schneebretter

Schneebretter, die über weite Entfernungen ausgelöst werden (Fernauslösungen).

Dumpf dröhnende „Wumm“-Geräusche beim Betreten der Schneedecke. Das „Wumm“ ist oft die allerletzte Warnung! Das Geräusch entsteht, wenn Luft nach Brüchen innerhalb der Schneedecke ausgepresst wird.

Risse beim Betreten der Schneedecke.

Vibrationen und Zittern in der Schneedecke (nur in seltenen Fällen wahrnehmbar).

Wenn die kritische Neuschneemenge (➤ S. 39) deutlich überschritten ist.

Große, frische Triebschneeablagerungen, z. B. Wellen und Dünen auf der Schneeoberfläche.

Durchfeuchtete Schneedecke.

## Tourengeher als Lawinenauslöser

Fast alle von Lawinen getöteten Wintersportler haben „ihre“ Lawine selbst ausgelöst oder die Auslösung erfolgte durch ein Mitglied ihrer Gruppe. Lawinenunfälle und der Mensch als Lawinenauslöser sind also untrennbar miteinander verbunden. Im Gegensatz dazu steht die weit verbreitete Illusion vieler Wintersportler, dass es schon nicht grad’ mich erwischen wird. Doch warum eigentlich nicht?
Nicht jeder Wintersportler löst beim Befahren eines lawinengefährdeten Hanges auch tatsächlich die Lawine aus, was sich aus dem Flickenteppich-Stabilitätsmuster der Schneedecke erklären lässt. Auch macht es einen großen Unterschied, ob ein einzelner Tourengeher den Hang schnell und in großen Schwüngen abfährt oder eine ganze Tourengruppe den Hang zeitgleich mit Zöpfen verziert oder, noch schlimmer, durch häufige Stürze die Schneedecke stark belastet. Gerade unter Tourengehern hat sich die Unsitte, dass zu viele Menschen gleichzeitig Steilhänge abfahren, noch immer gehalten.
Jeder Wintersportler hat die Möglichkeit, das Lawinenrisiko durch sein Verhalten zu reduzieren.

**Merksatz:**
„Die Schneedecke ist ein zerbrechliches Gebilde, behandle sie so schonend als möglich.“
*Werner Munter*

## Tipps und Faustregeln zur Schneedeckenbelastung

Beim Aufsteigen wird die Schneedecke mit dem 2–3fachen Körpergewicht belastet. Besonders ungünstig sind Aufstiege zu Fuß, also ohne Ski, da hier die Zusatzbelastung sehr hoch ist.

Bei der Abfahrt ist die Belastung der Schneedecke doppelt so groß als im Aufstieg. Kurven belasten die Schneedecke besonders stark!

Rhythmisches Kurzschwingen belastet die Schneedecke stärker als große und weite Schwünge.

Ein Sturz belastet die Schneedecke mit dem 7-fachen Gewicht des Fahrers, was mindestens einer halben Tonne Zusatzbelastung entspricht.

Ein Sprung über eine Wechte belastet die Schneedecke mit dem 10-fachen Gewicht!

Wenn nicht wirklich sehr günstige Verhältnisse herrschen, sollten beim Aufsteigen im Steilgelände Entlastungsabstände eingehalten werden: Steile Passagen mit 10–20 m Entlastungsabständen passieren – besser noch: Kritische Hangabschnitte umgehen oder einzeln begehen!

Steilhänge einzeln abfahren.

## Gruppenzwang und Gruppenrisiko

In Gruppen, besonders unter Männern, erfahren Draufgänger oft viel Anerkennung, aber auch die meisten Lawinentoten sind männlich, was natürlich nicht bedeutet, dass Frauen nicht von Lawinen bedroht sind. Dass der größte Teil der Lawinenopfer männlich ist, lässt sich dadurch erklären, dass die meisten Skitourengeher Männer sind, andererseits dürften aber auch „typisch männliche“ Verhaltensweisen daran beteiligt sein.
In großen Gruppen mit unklaren Entscheidungsstrukturen denken viele Gruppenteilnehmer, dass der andere schon wissen wird, was er macht. Speziell in Gruppen werden Zweifel oft nicht geäußert, aus Angst, als Feigling dazustehen. Das ist falsch! Entscheidungen müssen gemeinsam getroffen werden! In der Gruppe fühlt man sich sicher, „gemeinsam sind wir stark“: Das Risiko wird vielfach geringer eingeschätzt, als es tatsächlich ist.
Tatsache ist hingegen, dass die Wahrscheinlichkeit, dass eine Gruppe eine Lawine auslöst, bereits durch die höhere Schneedeckenbelastung

steigt. Darum: Vertraue nicht einfach einem „Leitwolf“. Warnt dich ein ungutes Gefühl, höre darauf! Eine mögliche Lösung für das Gruppendruckproblem kann darin bestehen, dass Entscheidungen generell gemeinsam getroffen werden. Jeder muss sich äußern, und jeder hat ein Veto-Recht bei Entscheidungen. Dass solche Entscheidungsfindungen in Zehnergruppen nicht funktionieren, ist einleuchtend. Drei bis fünf Personen sind für Skitourengruppen ideal, und je eingespielter das Team, umso besser. Besonders oft werden überhöhte Risiken eingegangen nach vorherigen Misserfolgen, in Wettbewerbssituationen, unter Spezialisten und bei autoritärer Führung, was auch ohne offiziellen Führer häufig vorkommt.

## Der typische Lawinenhang und der todgeile Dreier

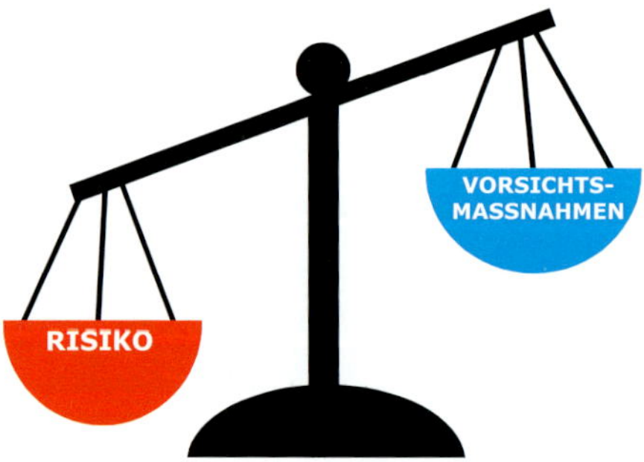


Der typische Lawinenhang ist ein sehr steiler Windschattenhang nach Neuschnee. Besonders oft reißen Schneebretter in felsdurchsetzten Steilhängen – mindestens 39° steil! – im Bereich der Felsen an. Von Werner Munter stammt die provokante Bezeichnung des „todgeilen Dreiers“. Gemeint ist hier das Zusammentreffen von Risikofaktoren, die sich zu einem unfallträchtigen und letztlich tödlichen Risiko aufsummieren; das so genannte Klumpenrisiko besteht aus: **extrem steiler Hang, Sektor Nord** (Schattenhang), **Gefahrstufe 3** (= erhebliche Lawinengefahr). Osthänge: Nordost – Ost – Südost. Ostexponierte Hänge sind häufig Windschattenhänge. Nach Schneefällen und Wind sind große Triebschneefallen zu erwarten.

## Nordhänge: Nordwest – Nord – Nordost

Nordhänge sind Schattenhänge. Oberflächenreif kann hier dicke Schichten bilden, und wehe, wenn er eingeschneit wird! Zusätzlich lässt Schwimmschnee das Fundament der Nordhänge häufig instabil werden. Knapp 60% der Lawinenopfer sterben in Nordhängen.

## Lee-Hänge: Nordost – Ost – Südost

Hier sind nach Neuschnee oder starkem Wind große Triebschneefallen zu erwarten.

## Südhänge

Starke Sonneneinstrahlung: Nach Neuschnee sind Spontanlawinen häufig! Die Schneedecke setzt sich schnell, ist dünner und stabiler. Bei starker Sonneneinstrahlung: Gefahr von Nassschneelawinen!

## Besonders risikoträchtige Hänge

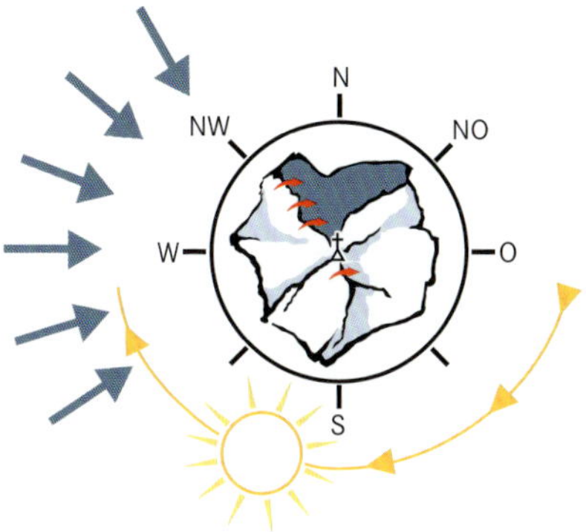


**Schattenhänge** (NW/N/NO) sind oft gefährlich – die Schneedecke ist durch Schwimmschnee, eingeschneite Reifschichten und geringe oder sogar fehlende Sonneneinstrahlung instabil.

**Lee-Hänge** (NO/O/SO): Hier sind nach Neuschnee und Wind besonders große Triebschneefallen zu erwarten.

**Südhänge** – starke Sonneneinstrahlung: Nach Neuschnee sind Spontanlawinen häufig. Die Schneedecke setzt sich recht schnell, ist dünner und stabiler.

**Achtung** bei starker Sonneneinstrahlung: Gefahr von Nassschneelawinen!

**Sektor Nord** (NW/N/NO): der Todessektor, ca. 60% aller Lawinenopfer sterben in Nordhängen!

**Sektor nördliche Hälfte** (WNW/N/O/OSO-Hänge): In diesem Bereich sterben rund 3/4 aller Lawinenopfer.

**Sonnenseite** (SO/S/W): Das statistische Risiko eines Lawinenunfalls ist deutlich geringer.

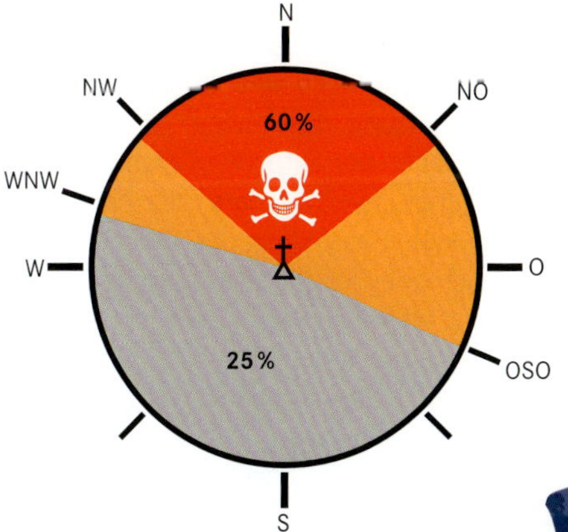

## Der Lawinenlagebericht (LLB)

Der Lawinenlagebericht hat die Aufgabe, Sicherheitsverantwortliche und Wintersportler über die aktuelle und voraussichtliche Lawinengefahr zu informieren. Die Lawinenlageberichte sind im Internet, unter **www.lawine.at**, erhältlich, und er hängt in den meisten Hütten aus, er ist per Telefon, Fax oder via Smartphone (I-Phone, Blackberry etc.) erhältlich.

## Außer der Gefahrenstufe enthält der LLB folgende Informationen:

- Kurzbeschreibung der Wetter-, Schnee- und Lawinensituation: Neuschnee, Wind, Temperatur, Sonneneinstrahlung.
- Schneedeckenaufbau: besonders Schwachschichten, Stabilität und Setzung.
- Angabe der besonders kritischen Hang- und Höhenlagen.
- Eine Einschätzung der Auslösewahrscheinlichkeit einer Lawine beim Betreten kritischer Hänge.
- Hinweise über die Gefährdung von Siedlungen und Straßen.
- Eine Prognose über die zu erwartende Entwicklung der Lawinengefahr.

## Was kann der LLB / Was kann der LLB nicht?

Der LLB unterteilt das Tourengelände relativ grob in günstige und ungünstige Bereiche. Der LLB ist wie der Wetterbericht eine Prognose – mit entsprechender Irrtumswahrscheinlichkeit (derzeit ca. 15%). Er kann uns daher unmöglich sagen, welche Hänge tatsächlich gefährlich sind, sondern er sagt nur, dass unter den als ungünstig eingestuften Hängen einige Hänge kritisch sind. Je höher die Gefahrenstufe, also je ungünstiger die Einschätzung, desto höher ist die Zahl der tatsächlich gefährlichen Hänge. Neben der aktuellen Gefahrenstufe enthält der LLB wertvolle, für Tourengeher unverzichtbare Informationen. Er stellt jedoch nur eine grobe, regionale Beurteilung dar. Da schon eine um wenige Meter veränderte Aufstiegs- oder Abfahrtsspur darüber entscheiden kann, ob die Lawine ausgelöst wird oder nicht, kann der LLB niemals sagen, dass dieser oder jener Hang sicher sei oder nicht. Auch kann der LLB falsch sein. Da der LLB immer im voraus erstellt werden muss, kann er nie so aktuell sein wie eigene Beobachtungen. Trotz dieser Einschränkungen stellt der LLB für uns Tourengeher die unverzichtbare Basis für die Tourenplanung dar.

## Interpretation des Lawinenlageberichts

**Gefahrenstufe 1 für geringe Lawinengefahr** bedeutet, dass die Lawinensituation sehr günstig ist. Dennoch können bei großer Zusatzbelastung, z. B. durch Skitourengruppen, in extrem steilem Gelände Lawinen ausgelöst werden. Meist ist jedoch die Mitreißgefahr größer als die Gefahr, verschüttet zu werden. Jetzt ist die Zeit für die großen Berge oder alpinen Herausforderungen.

**Gefahrenstufe 2 für mäßige Lawinengefahr.** Es herrschen mehrheitlich günstige Schneeverhältnisse. Bei den im LLB genannten Expositionen und Höhenlagen ist Vorsicht notwendig, da hier die Schneedecke nur mäßig verfestigt ist. Bei großer Zusatzbelastung können Lawinen ausgelöst werden. An Steilhängen mit sehr schwacher Schneedecke kann schon ein einzelner Tourengeher eine Lawine auslösen.
Unverspurte, schattige Extremhänge sollten gemieden werden. Bei Beachtung dieser Einschränkungen sind Lawinenauslösungen unwahrscheinlich.

**Gefahrenstufe 3 für erhebliche Lawinengefahr – kritische Situation.** Erhebliche Lawinengefahr herrscht oft, wenn der Pulverschnee besonders verlockend ist, da dann zumeist die kritische Neuschneemenge erreicht oder überschritten ist. Die Lawinengefahr ist bereits doppelt so groß im Vergleich zur Warnstufe mäßig. Teilweise sind die Verhältnisse ungünstig, und die Gefahr kann auch versteckt sein. An vielen Steilhängen ist die Schneedecke schwach. Besonders gefährlich sind die im LLB genannten Expositionen und Höhenlagen. Das Gefahrenpotenzial kann bei erheblicher Lawinengefahr sehr unterschiedlich sein, je nachdem ob wir uns im oberen Bereich der Stufe 3 oder im unteren Bereich befinden (➤ siehe hierzu auch Grafik auf S. 55). Im oberen Bereich von erheblicher Lawinengefahr können sich spontane Lawinen lösen, die auch flacheres Gelände überspülen, und es gibt vereinzelte Fernauslösungen.
Lawinenauslösungen sind bereits durch einzelne Tourengeher möglich. Lawinen können vereinzelt groß werden und bis in flaches Gelände vorstoßen. Ab erheblicher Schneebrettgefahr muss immer die steilste Stelle des gesamten Hangs berücksichtigt werden, da mit Fernauslösungen gerechnet werden muss. „Wumm"-Geräusche sind häufig und sind ein Alarmzeichen. Beim Aufstieg und bei der Abfahrt muss das Gelände optimal ausgenutzt werden.

Versuche die Schneedecke in Steilhängen zu schonen. Am ersten Tag nach starkem Schneefall und Wind im Tourenbereich unter 35° bleiben und Abstände einhalten. Unter diesen Einschränkungen und bei optimaler Geländenutzung ist eine Lawinenauslösung wenig wahrscheinlich.

**Gefahrenstufe 4 für große Lawinengefahr:** Die Verhältnisse sind sehr ungünstig, es herrscht akute Lawinengefahr! Die Schneedecke ist schwach, und gefährliche Steilhänge gibt es in allen Expositionen und Lagen. Spontane Lawinen können groß werden, in flaches Gelände vorstoßen sowie Wälle und Kuppen überfluten. Fernauslösungen über große Strecken sind zu erwarten, Auslösungen durch Wintersportler sind in Steilhängen aller Expositionen wahrscheinlich!
Verzichte bei großer Lawinengefahr auf Skitouren im alpinen Gelände! Touren sind nur im mäßig flachen „Hügelgelände" (< 30°) – z. B. Alpenvorland oder Mittelgebirge – empfehlenswert. Halte dich von den großen Auslaufgebieten der Lawinen fern. Große Lawinengefahr herrscht selten.

**Gefahrenstufe 5 für sehr große Lawinengefahr** bedeutet Katastrophenalarm.
Dörfer und Straßen sind gefährdet. Sichere Häuser nicht verlassen und abwarten, bis die Gefahr zurückgeht. Meist ist dann Schnee bis in die Niederungen gefallen, sodass man auf harmlose Hügel außerhalb der Alpen ausweichen kann.
Bei „mäßiger" Lawinengefahr ereignen sich rund 30% aller tödlichen Lawi-

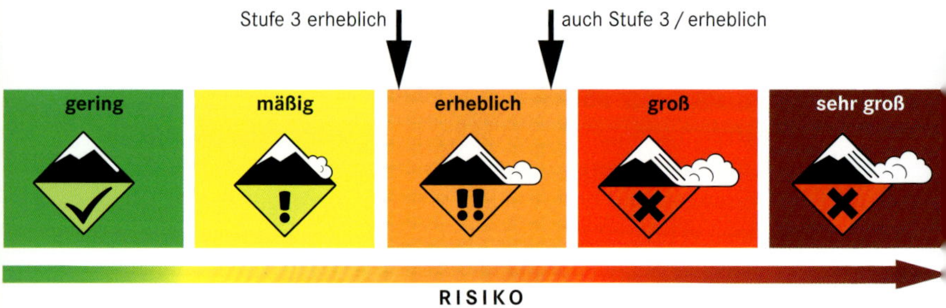


nenunfälle der Schweiz und bei „erheblicher" Lawinengefahr sogar 60%! 5% der tödlichen Lawinenunfälle passieren bei geringer Lawinengefahr, während bei den Gefahrenstufen „groß" und „sehr groß" bisher

relativ wenige Wintersportler starben (auch rund 5%). Der Grund hierfür ist, dass die Gefahr an diesen wenigen Extremtagen deutlich sichtbar ist, weshalb viel weniger Skitouren unternommen werden.
Besonders viele Lawinenunfälle von Skitourengängern passieren bei mäßiger Lawinengefahr, was sich dadurch erklären lässt, dass bei Stufe 2 ein Großteil der Skitouren bei akzeptablem Risiko möglich ist und daher auch sehr viele Tourengänger unterwegs sind.

Hat man den Verdacht, dass der LLB falsch ist, kann dieser eigenmächtig auf die nächsthöhere Gefahrenstufe hinaufgesetzt werden. Eindeutige **Hinweise für eine zu niedrige Gefahrenstufe sind u. a.:**

- Wetterumschwung, z. B. starker Schneefall.
- Bemerkt man bei „mäßiger“ Lawinengefahr häufige „Wumm“-Geräusche, sollte der LLB auf „erheblich“ korrigiert werden.
- Fernauslösungen und Spontanlawinen: mindestens „erhebliche“ Lawinengefahr, möglicherweise sogar „groß“.

## Die 3x3-Filtermethode zur Beurteilung der Lawinengefahr

Lawinenunfälle entstehen durch das Zusammentreffen der drei Lawinenfaktoren: **Schnee, Gelände und Mensch.**

Die hier vorgestellten Risiko-Check-Methoden hat der Lawinenexperte Werner Munter entwickelt und hartnäckig ihre Anwendung erkämpft, weshalb sie, insbesondere die Reduktionsmethode, auch als Munter-Methode bezeichnet werden.
Das Ziel der 3x3-Filtermethode ist es, die immer existierende Lawinengefahr auf ein vertretbares Maß zu reduzieren, indem uns die Methode ein strukturiertes Beurteilungssystem vorschreibt, das uns zwingt, die wichtigsten lawinenbildenden Faktoren zu beurteilen. Grundlage dieser Methode ist, dass im winterlichen Gebirge niemals absolute Sicherheit herrschen kann und wir gezwungen sind, ein Risikobewusstsein zu

entwickeln. Die 3x3-Filtermethode wirkt wie ein Zoom: Wer sie anwendet, hat bei der Freeride- und Tourenplanung die wichtigsten Lawinenfaktoren berücksichtigt.

**Lawinenunfälle entstehen durch Zusammentreffen von drei Faktoren:**

1. Schnee (Schnee- und Wetterverhältnisse)
2. Berg (Gelände)
3. Mensch (der einen Hang befahren will)

Solange man aber nur jeden Einzelhang nach diesen Kriterien untersucht, ist die Irrtumswahrscheinlichkeit zu groß. Um die Lawinengefahr zuverlässig einschätzen zu können und die richtigen Entscheidungen zu treffen, muss die Lawinengefahr durch ein immer schärfer werdendes Zoom bzw. Risiko-Raster-Sieb betrachtet werden. Dadurch können 99% des Risikos eines Lawinenunfalls erkannt und damit „herausgefiltert" werden.
Hierzu werden die drei lawinenbildenden Faktoren aus drei unterschiedlichen Perspektiven (Entfernungen) betrachtet:

**1. Regional:**
Dank Wetterbericht und Lawinenlagebericht kennt man die Wetterentwicklung und Schneesituation im gesamten Gebiet und die daraus entstehenden Gefahren.
**2. Lokal:**
So weit das Auge reicht (ein Fernglas sieht weiter), versucht man die möglichen Gefahrenstellen zu erkennen.
**3. Zonal:**
Welche Gefahrenstellen und Risiken birgt der Hang, den man befahren oder begehen will?

Jede Gefahreneinschätzung beinhaltet ein Irrtums-Risiko. Indem die drei lawinenbildenden Faktoren aus immer geringerer Entfernung betrachtet werden, sinkt dieses Irrtums-Risiko und damit letztlich das Risiko einer Lawinenauslösung. Dadurch wirkt die 3x3-Filtermethode wie ein Sicherheitsnetz, das aus drei übereinandergelegten Netzen mit verschiedenen Maschengrößen besteht. Vor dem Befahren eines bestimmten Hanges muss man sich **3x3**, also **neunmal** die Frage stellen, ob der Hang befahren werden kann oder nicht.

## Regional
Vorbereitung zu Hause

*Fremdinformation*
*Prognosen*
➤ *Erwartung*

## Lokal
So weit das Auge reicht

*Eigene Beobachtung im Gelände*
➤ *laufende Neubeurteilung*

## Zonal
Einzelhang-Check

*Letzte Überprüfung: to go ... or not to go*
➤ check your line!

## Restrisiko

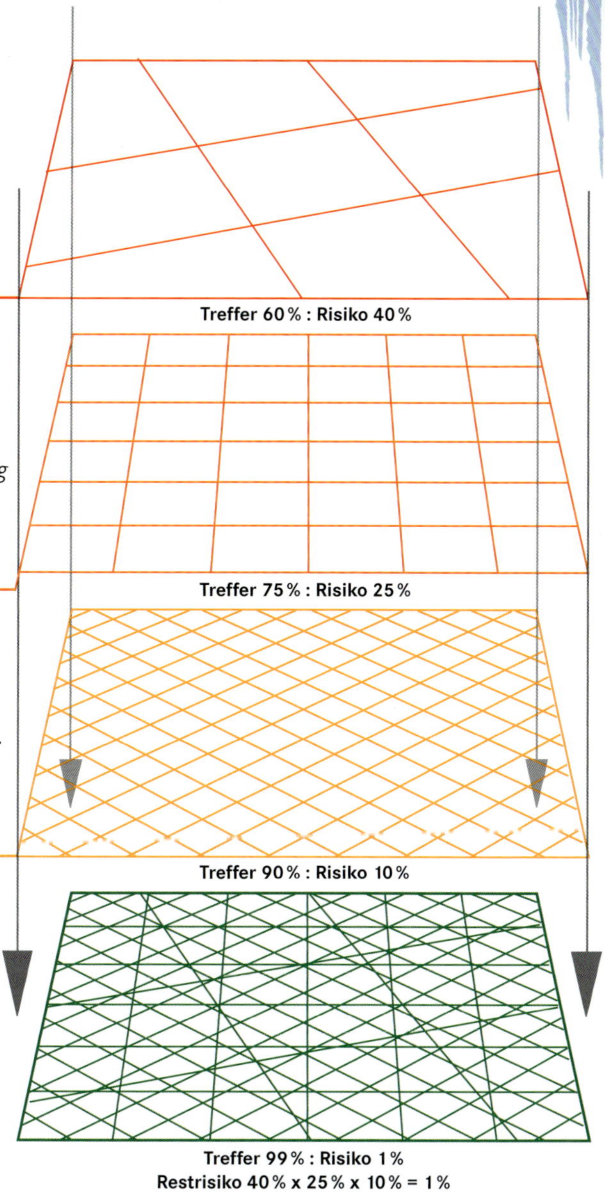

1. Man beginnt dabei immer mit der regionalen Beurteilung. Kommt man zu der Entscheidung, dass sowohl die Schneeverhältnisse, das Gelände und die beteiligten Tourengeher zueinander passen, können das Ziel ausgesucht und die Ausrüstung gepackt werden.

2. Vor Ort, am Ausgangspunkt der Skitour, beurteilt man das gesamte sichtbare Gelände erneut: Kommt man auch hier zu der Entscheidung, dass alles gut bzw. vertretbar aussieht, kann die Tour begonnen werden.

3. Um aber nicht durch das „Sicherheitsnetz“ zu fallen, musst du dir vor jedem Hang, den du in der Abfahrt oder im Aufstieg betrittst, noch einmal die drei Fragen stellen. Lautet auch hier die Antwort drei Mal ja, geht's los ...

Die Rangfolge, **1. regionale Beurteilung, 2. lokale Beurteilung** und **3. Einzelhangcheck,** muss eingehalten werden, sonst fällt man durch das Sicherheitsnetz. Der regionalen Beurteilung (Vorbereitung) folgt die lokale Einschätzung im Gebiet. Die zonale Beurteilung des Einzelhangs filtert den Großteil der Risiken und überprüft die bisherige Beurteilung. Kommst du bei der Beurteilung der Lawinenfaktoren zu dem Ergebnis, dass einer der neun Faktoren sehr ungünstig ist, muss die Tour umgeplant oder abgebrochen werden!
Es ist eine hohe Kunst, alle Informationen, die Schneedecke, Wetter und Gelände liefern, zu erkennen und richtig zu beurteilen. Die 3x3-Filtermethode kann jeder schnell und einfach lernen. Auch die Anwendung im Gelände erfordert nicht viel Zeit. Wer bereit ist, vor jeder Skitour den Lawinenlagebericht zu lesen und im Gelände seine Sinne auf „Empfang“ stellt, kann mit dieser Methode immerhin 99% der Risiken erkennen. Allerdings bemerkt man Hinweise auf Gefahren oft viel schlechter als günstige Zeichen, die darauf hinweisen, dass ein Hang sicher sei. Diese Scheuklappenbeurteilung ist besonders dann stark ausgeprägt, wenn man bereits ein klares Ziel im Kopf hat. Die Wahrscheinlichkeit für Fehlbeurteilungen ist z. B. besonders hoch, wenn man nicht vor Ort erst entscheidet, was machbar ist, sondern wenn man unbedingt diesen Berg besteigen oder jenen Hang befahren will. Im alpinen Gelände kommen aber fast immer sowohl Anzeichen für Gefahr als auch Zeichen für günstige Verhältnisse vor.

Damit Risiko-Management funktioniert, muss dieses strikt in zwei Phasen unterteilt werden: **1. Beurteilen und dann 2. Entscheiden.**

Die 3x3-Filtermethode stellt eine hervorragend strukturierte klassische Beurteilung der Lawinengefahr dar. Wenn jedoch die 3x3-Beurteilung kein eindeutiges Ergebnis liefert, da sowohl günstige als auch Gefahrenzeichen vorhanden sind, was im winterlichen Gebirge häufig der Fall ist, bietet sich die Reduktionsmethode an. Diese überprüft das Ergebnis der klassischen Beurteilung mit Hilfe der Statistik und der Wahrscheinlichkeitsrechnung. Was hier kompliziert klingt, ist in der Anwendung erstaunlich einfach: Das kleine 1x1 reicht aus, und mit etwas Übung brauchst du keine Minute nachzudenken, und du kennst dein Risiko in jedem Hang!

## Entscheiden in kritischen Situationen mit der Reduktionsmethode

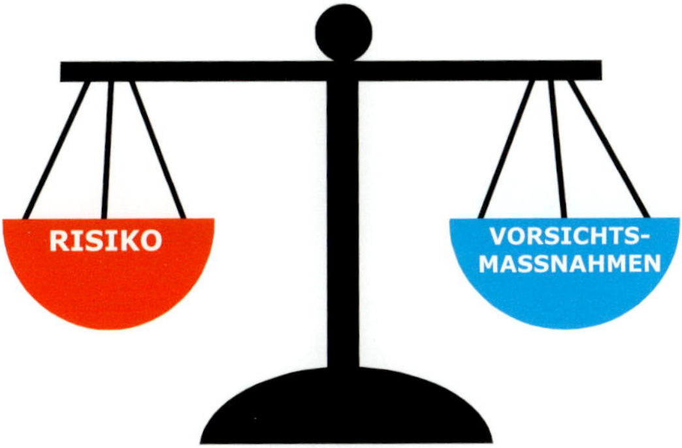


Ziel der Reduktionsmethode ist es, das Risiko auf ein vertretbares Maß zu reduzieren. Je höher das Risiko ist, umso vorsichtiger muss man sich verhalten, umso mehr Vorsichtsmaßnahmen müssen durchgeführt werden, damit die Risiko-Waage im akzeptablen Bereich bleibt.

Die Reduktionsmethode entstand aus der Erkenntnis, dass ein Neuanfang in der Lawinenkunde gemacht werden musste. Eine Reihe schwerer Lawinenunfälle hatte gezeigt, dass mit der bisherigen Lawinenkunde die Lawinengefahr eines Hanges nur unzureichend eingeschätzt werden kann. Das verbleibende Risiko war viel zu groß. Das Wesen der Schneedecke ist ihre Unregelmäßigkeit, weshalb selbst nach Schneebrettabgängen immer wieder Teilflächen stehen bleiben. Wer also zufällig an solch einer „stabilen Insel“ in einem Meer von Instabilität einen Rutschblock, Rutschkeil oder Ähnliches durchführt und mit dem Ergebnis Aussagen über andere Hänge macht, der kann genauso gut in ein Minenfeld zum Tanzen gehen.

Voraussetzung jeder Einschätzung der Lawinengefahr ist immer die Steilheit des Hanges, da letztendlich die Hangneigung (Schwerkraft) die Schneemassen in Bewegung setzt. Wer regelmäßig das Schätzen der Hangneigung übt und das Ergebnis mit dem Hangneigungsmesser überprüft, wird schnell treffsicher werden. Da man die Hänge oft steiler einschätzt als sie tatsächlich sind, entsteht eine Sicherheitsreserve.

## Die Reduktionsmethode für Anfänger

Diese elementare Methode zur Risiko-Reduktion besteht nur aus einem einzigen Satz, könnte aber – bei allgemeiner Beachtung – rund ¾ der Lawinentoten verhindern!
Fahre bei „mäßiger“ Lawinengefahr in allen Expositionen keine Hänge über 39°, bei „erheblicher“ Lawinengefahr nicht über 34° und bleibe bei „großer“ Lawinengefahr im mäßig steilen Gelände < 30°!

| **Gefahrenstufe / Empfohlene Hangneigung** |
|---|
| Mäßig / weniger als 40° |
| Erheblich / weniger als 35° |
| Groß / weniger als 30° |

Mehr Flexibilität und Spielraum bietet die Reduktionsmethode.

## Entscheidungsfindung: To go ... or not to go

Wir Tourengeher müssen die Lawinengefahr immer einschätzen, und jede Schätzung beinhaltet ein Irrtumsrisiko. Man muss akzeptieren, dass nicht alle Gefahrenstellen im Gelände zu erkennen sind, manche sind auch völlig verborgen. Es bleibt ein Restrisiko auf eine Lawinenauslösung. Wer sich um seine Sicherheit auf Skitouren keine Gedanken macht – der lebt extrem gefährlich. Wer 100%ige Sicherheit will – muss zu Hause bleiben. Es muss also ein akzeptables, das heißt vertretbares, gutes Risiko gefunden werden.
Dieses akzeptable Restrisiko wurde mit dem Ziel festgelegt, das eigene Risiko so weit zu reduzieren, dass das Restrisiko dem einer Sommerbergtour entspricht. Dies würde die Anzahl der Lawinenopfer stark reduzieren und dennoch den Wintersportlern genügend Spielraum lassen. Denn eine Methode kann sich in der Praxis nur bewähren, wenn sie auch allgemein angewandt wird.

Bei der Reduktionsmethode wird mit Hilfe des Lawinenlageberichts das Lawinenrisiko eingeschätzt und dieses Risiko – durch dem jeweiligen Risiko angepasstes Verhalten – auf ein möglichst geringes Restrisiko reduziert. Daher der Name: Reduktionsmethode.
Um eine Messlatte für das vertretbare Restrisiko festzulegen, entwickelte Werner Munter auf der Grundlage der Lawinenunfallstatistik und mit Hilfe der Wahrscheinlichkeitsrechnung die Reduktionsmethode. Das (Lawinen-) Risiko „berechnet" sich folgendermaßen:

**Das akzeptable Lawinen-Restrisiko**

$$\text{Akzeptiertes Restrisiko} = \frac{\text{Gefahrenpotenzial}}{\text{Vorsichtsmaßnahme x Vorsichtsmaßnahme}}$$

$$\text{Akzeptiertes Restrisiko} = \frac{\text{Gefahrenpotenzial}}{\text{Reduktionsfaktor x Reduktionsfaktor}} \leq 1$$

Der Wert 1 ist die Grenze des akzeptablen Restrisikos. Das Risiko kann im Gebirge nie null werden. Wer mehr riskieren will, z. B. Restrisiko 2, kann dies natürlich tun. Mit Hilfe der Reduktionsmethode kann jeder sein eigenes statistisches Risiko leicht und unkompliziert selbst berechnen.

Mit der Reduktionsmethode können Tourengeher innerhalb kurzer Zeit zu einer Entscheidung kommen. Ziel ist immer das Treffen einer **„to go ... or not to go"-Entscheidung.** Die Lawinengefahr wird jetzt nicht mehr anhand von Variablen, wie z. B. Schichtverbindung bzw. Haftreibung oder Scherspannung, eingeschätzt, sondern mit Hilfe des Sichtbaren, das heißt Gefahrenstufe, Hangneigung, Gelände, Karte.
Die Informationen über die allgemeine Lawinengefahr und den Schneedeckenaufbau liefert dabei der Lawinenlagebericht. Diese Informationen sind für jeden immer zugänglich und mit etwas Übung leicht verständlich.
Je höher die Gefahreneinschätzung des Lawinenlageberichts, umso höher ist das Gefahrenpotenzial im Gebiet. Den Gefahrenstufen – „gering" bis „groß" – werden in der Reduktionsmethode Gefahrenpotenziale zugeordnet. Diese Gefahrenpotenziale beschreiben die Gesamtheit der (voraussichtlichen) Gefahrenstellen eines Gebiets. Je höher das Gefahrenpotenzial ist, umso höher ist die Wahrscheinlichkeit eine Lawine auszulösen.
Die Erforschung der Schneedeckenstabilität hat gezeigt, dass sich das Gefahrenpotenzial (= Summe der Gefahrenstellen) mit der nächsthöheren Warnstufe der Lawinengefahrenskala verdoppelt:

Geringe Lawinengefahr (Warnstufe 1) = Gefahrenpotenzial 2

Mäßige Lawinengefahr (Warnstufe 2) = Gefahrenpotenzial 4

Erhebliche Lawinengefahr (Warnstufe 3) = Gefahrenpotenzial 8

Große Lawinengefahr, (Warnstufe 4) = Gefahrenpotenzial 16 und darüber ...

Es können zur selbständigen Einschätzung der Lawinengefahr beliebige Zwischenwerte geschätzt werden. Zum Beispiel: Der Lawinenlagebericht meldet mäßige Schneebrettgefahr, aber eigene Beobachtungen im Gebiet lassen vermuten, dass die Gefahr höher sein könnte. Man beurteilt dann das Gefahrenpotenzial als mäßig-erheblich = 6.
Es gibt Vorsichtsmaßnahmen (= Reduktionsfaktoren), die miteinander kombiniert (multipliziert) werden können. Das Resultat der Vorsichtsmaßnahmen muss mindestens so groß sein wie das Gefahrenpotenzial (= Lawinenrisiko). Nach ihrer Bedeutung – für eine Lawinenauslösung – sind die Reduktionsfaktoren in drei Klassen unterteilt: erst-, zweit- und drittklassig. Da für eine Lawinenauslösung letztendlich die steilste Hangpartie entscheidend ist, sind diese Reduktionsfaktoren erstklassig.

## Reduktionsfaktoren (RF) = Vorsichtsmaßnahmen

| | | |
|---|---|---|
| Nr. 1 | oder steilste Hangpartie 35 – 39° (weniger als 40°) | RF 2 erstklassig |
| Nr. 2 | oder steilste Hangpartie um 35° | RF 3 erstklassig |
| Nr. 3 | steilste Hangpartie 30 – 34° (weniger als 35°) | RF 4 erstklassig |

**Bei erheblich muss ein erstklassiger Reduktionsfaktor gewählt werden!**

| | | |
|---|---|---|
| Nr. 4 | oder Verzicht auf Sektor NORD: NW (inkl.) -N-NO (inkl.) | RF 2 zweitklassig |
| Nr. 5 | oder Verzicht auf nördliche Hälfte WNW (inkl.) -N-OSO (inkl.) | RF 3 zweitklassig |
| Nr. 6 | oder Verzicht auf die im LLB genannten kritischen Hang- und Höhenlagen | RF 4 zweitklassig |
| Nr. 7 | ständig befahrene Hänge, z. B. Modetour | RF 2 zweitklassig |

**Bei nassem Schnee sind alle zweitklassigen Reduktionsfaktoren ungültig!**

| | | |
|---|---|---|
| Nr. 8 | oder große Gruppe mit Entlastungsabständen (über 4 Personen) | RF 2 drittklassig |
| Nr. 9 | oder kleine Gruppe (2 – 4 Personen) | RF 2 drittklassig |

| | | |
|---|---|---|
| Nr. 10 | kleine Gruppe mit Abständen | RF 3 drittklassig |

**Entlastungsabstände: mindestens 10 m im Aufstieg! Sehr große Abstände bei der Abfahrt!**

**Wichtig:**
Bei „erheblich“ muss ein erstklassiger Reduktionsfaktor gewählt werden, daher sind felsdurchsetzte Steilhänge tabu: also keinesfalls über 39°!
Wenn es in allen Expositionen gefährlich ist, sind die Reduktionsfaktoren 4–7 ungültig! Dies ist häufig, wenn die kritische Neuschneemenge überschritten ist oder die Schneedecke durchnässt ist.
Bei Gefahrenstufe „groß“ kann nur mäßig steiles Gelände – unter 30° – befahren werden.
Für die maximal zu befahrende Steilheit ist immer die steilste Hangpartie und nicht der eigene Standort ausschlaggebend.

Wenn du die Reduktionsmethode konsequent anwendest, wirst du immer wieder mal auf einen Hang verzichten müssen – der vielleicht wenig später von einigen Adrenalin-Freaks befahren wird. Dafür hast du mit der Reduktionsmethode die besten Chancen, auch noch in vielen Jahren genussvolle Skitouren zu unternehmen.
Die Reduktionsmethode ist ein Schnell-Check des Einzelhangs, der für Geübte gerade mal 10–30 Sekunden dauert und der die folgenden Hauptrisikofaktoren berücksichtigt:

- Gefahrenpotenzial
- Hangneigung (steilste Stelle!)
- Hangexposition
- Gruppengröße
- Vorsichtsmaßnahmen (z. B. Abstände)
- Häufigkeit der Befahrung

Dieser Check sagt uns, wie unfallträchtig die gewählte Kombination ist im Vergleich zu den Unfällen der Vergangenheit.
Achtung: Die Reduktionsmethode berücksichtigt keine Geländeformen und Besonderheiten wie Kammnähe, Düseneffekte, Höhenlage und Hang-

größe! Die wichtigen eigenen Geländebeobachtungen müssen bei der Anwendung der 3x3-Filtermethode mit einbezogen werden. Und ein massiv mit Triebschnee beladener Steilhang, der offensichtlich lawinenschwanger ist, sollte auch dann nicht befahren werden, wenn du durch Anwendung der Reduktionsmethode den Risikowert 0,7 erhältst.

## Ergänzungen und Präzisierungen zur Reduktionsmethode

Es gilt immer die Gefahrenstufe der ungünstigsten Hanglage. Gilt z. B. für Südhänge die Gefahrenstufe mäßig, für Nordhänge die Stufe erheblich, muss von einem Risikopotenzial 8 ausgegangen werden.
Am ersten schönen Tag nach starkem Schneefall geht man nie bis an die äußerste Grenze (Restrisiko = 1), sondern bleibt darunter (Restrisiko < 1).
Ständig befahrene Hänge sind Modetouren und Variantenabfahrten. Entscheidend ist, dass die Hänge nach jedem Schneefall auch in der Anrisszone befahren werden.
Rinnen, Mulden und Trichter haben immer mehrere Expositionen. In Rinnen sind die Seitenwände häufig viel steiler als die Rinnenachse.

## Werner Munters Goldene Regel als Alternative zur Reduktionsmethode

Ein Risiko-Schnell-Check ohne Rechnen
**Bei gering** (Stufe 1) wählt man einen beliebigen Reduktionsfaktor
**Bei mäßig** (Stufe 2) wählt man zwei beliebige Reduktionsfaktoren
**Bei erheblich** (Stufe 3) wählt man drei Reduktionsfaktoren:
einen erst-, einen zweit- und einen drittklassigen.
Falls bei erheblich keine zweitklassigen Faktoren vorhanden sind, z. B. bei nassem Schnee oder wenn wir im Sektor Nord ohne bereits vorhandene Spuren unterwegs sind, bleibt man unter 35° und muss Entlastungsabstände einhalten.
Bei erheblicher Lawinengefahr (Stufe 3) sind drei Fragen notwendig:

1. Bin ich unter 40°?
2. Bin ich außerhalb Sektor Nord oder ist dieser verspurt?
3. Habe ich Abstände?

**Dreimal ja? ➤ Okay!**

Die sicherste und optimale Beurteilung der Lawinengefahr besteht aus der 3x3-Filtermethode, ergänzt durch Intuition und eigene Beobachtungen – überprüft durch die Goldene Regel, den Bierdeckel-Schnellcheck oder die Reduktionsmethode.

Touren-Anfänger, die über wenig Erfahrung verfügen, sollten mit der Reduktionsmethode für Anfänger beginnen und sich möglichst schnell in die 3x3-Filter- und Reduktionsmethode einarbeiten. Du wirst sehen, mit etwas Übung geht das erstaunlich schnell.

## DER BIERDECKEL-LAWINEN-SCHNELLCHECK

**von Werner Munter**

| Kriterien | | Boni | Schneedecke trocken | feucht |
|---|---|---|---|---|
| 1. Weniger als 40° oder | steilster Hang- | ● | | |
| 2. Weniger als 35° | abschnitt | ● ● | | |
| 3. Außerhalb des Sektors Nord (NW-N-NW) | | ● | | |
| 4. sichtbare Spuren: häufig begangen oder eine Gruppe ist schon abgefahren | | ● | | |
| 5. Entlastungsabstände mindestens 10 m im Aufstieg, in der Abfahrt mehr | | ● | | |
| **ERHEBLICH** | ● ● ● | **3 Bonuspunkte, davon einer aus 1. oder 2.** | | |
| **MÄSSIG** | ● ● | **2 Bonuspunkte, beliebig** | | |
| **GERING** | ● | **1 Bonuspunkt, beliebig** | | |

Unter der Bezeichnung Bierdeckel ist dieses einfache Risiko-Check-System von Werner Munter bekannt geworden. Bei erheblich benötigt man drei Bonuspunkte (einer aus 1 oder 2). Bei mäßig benötigt man zwei beliebige Bonuspunkte. Bei gering genügt ein beliebiger Bonuspunkt.

Aufnahme: Martin Promberger.

Aufnahme: Christa Kramer.

Aufnahme: Christa Kramer.

# Touren Von A Bis Z
# Ausgangsort

1. Bergköpfel/Schönau – Tauglboden
2. Birgkar/Dienten
3. Bockhartscharte/Rauris – Kolm Saigurn
4. Brimbachkögerl/Maria Alm
5. Bründlingkopf/Dienten
6. Dürrnbachhorn/Unken – Heutal
7. Eiskarlschneid/Filzmoos
8. Elmaualm/Werfenweng
9. Ellmaualm/Großarl
10. Frunstberg/Schönau – Tauglboden
11. Fuchsloch/Untertauern-Gnadenalm
12. Genneralm/Hintersee
13. Götschenkopf/Bischofswiesen
14. Grünköpfl/Dienten
15. Hahnpfalzköpfl/Altenmarkt Oder Flachau
16. Hirschkaser/Bayerische – Ramsau
17. Hochkeil/Bischofshofen
18. Hoferplattl/Maria Alm
19. Hofpürglhütte/Filzmoos
20. Hoher First/Mühlbach
21. Hoher First/Schönau – Tauglboden
22. Kieserl/Großarl
23. Kolmkar Spitz/Rauris-Kolm Saigurn
24. Königsberghorn/Faistenau

25. Kreuzschneid/Unken – Heutal
26. Labenberg/Abtenau – Postalm
27. Leckriedel/Untertauern
28. Lidaun/Faistenau
29. Loosbichl/Großarl
30. Marbachhöhe/Hintermoos
31. Marbachhöhe/Dienten
32. Meislsteinkapelle/Goldegg
33. Mitterriedl/Mühlbach
34. Nesselangeralm/Kuchl
35. Obersennalm/Flachau(-Winkl)
36. Pillstein/Faistenau
37. Pitschenberg/Abtenau-Postalm
38. Priesbergalm/Berchtesgaden – Hinterbrand
39. Purtschellerhaus/Berchtesgaden
40. Rauchkopfhütte/ /Zauchensee
41. Regenspitz/Schönau – Tauglboden
42. Rinnbergalm/Rußbach
43. Roßbrand/Radstadt
44. Roßfelder/Berchtesgaden-Hinterbrand
45. Scheibenkogel/Untertauern – Gnadealm
46. Schlenken/Adnet
47. Schlenken/Bad Vigaun
48. Schmalztrager/Rußbach

49. Schneibsteinhaus/ Berchtesgaden-Hinterbrand
50. Schoberofen
51. Schwarzeck/Lofer
52. Sodervoken-Alm/Lofer
53. Sommerer Alm/Dienten
54. Spielbergalmen/Leogang
55. Spielberghorn/Gaißau-Hintersee
56. Spirzinger/Flachau (-Winkel)
57. Stahlhaus/Berchtesgaden – Hinterbrand
58. Törlkopf/Bischofswiesen
59. Toter Mann/Bayerische – Ramsau
60. Trattberg/Schönau –Tauglboden
61. Ursprungalm/Flachau (-Winkel)
62. Vierrinnen/Mühlbach
63. Wasserofen/Dienten
64. Wastlhöhe/Dienten
65. Wildalphorn/Unken – Heutal
66. Zinkenkogel/Dürnberg
67. Zwölferhorn/Faistenau